职业无边界

BOUNDARYLESS CAREER

夏雪莹 著

中国工人出版社

序

PREFACE

自米凯尔·阿瑟于 1994 年提出无边界职业生涯的概念以来，世界发生了翻天覆地的变化。信息技术突飞猛进，人类社会发展进入了快车道，工作世界也在悄然改变。人工智能技术的应用，使简单重复的工作正在被机器取代；旧的职业消亡和新职业诞生加剧了人员流动；同时，稳定的职业越来越稀缺，合同制、派遣制等灵活用工形式兴起，传统意义上的雇佣制正在被打破。在这种情况下，人们开始跨越多种边界，寻求多重职业身份，使职业生涯呈现出灵活性和不确定性。

技术的进步，对劳动者的技能提出了更高的要求。一些低技能岗位逐渐高级化，同时现有岗位的工作内容也在发生变化，人们已经掌握的技能已不能胜任新的工作要求，迫切需要更新技能，因此，终身学习变得越来越重要。

与此同时，人们的职业观也在悄然改变。职业理想更加丰富和多元化。稳定的工作，升职加薪，追逐财富，这些传统职业成功的标志，正在发生变化。人们开始重视内心感受、实现个人价值和如何度过有意义的人生。

个人在职业生涯管理过程中掌握了主动权。这意味着人们在选择职业时，要保持自我负责的态度，探索有意义的价值观标准。

总之，无边界职业生涯是在传统职业成功标准之外，人们对职业发展和职业成功的一种新的界定形式。事实上，人们已经运用无边界职业生涯这种方式，指导自己的职业实践了。

目 录

CONTENTS

引 言

第一篇 未来全新的工作模式

第二篇 重新定义职业成功

引言

国外刮来的“无边界职业”风

职业生涯是指“与工作相关的整个人生历程”。杰弗里·H. 格林豪斯等在《职业生涯管理》一书中认为：职业生涯这种定义并不要求个人的工作角色必须具有专业性，或者固守某一种职业（即具有稳定性），也不要求得到不断的提升。事实上，无论何人，只要参加了与工作相关的活动，就认为在继续其职业生涯。

研究学者对职业生涯的定义各不相同。杰弗里没有把组织等级制中的晋升作为职业生涯的本质，与当今组织结构扁平化，员工晋升机会受限的情况相符合。况且，在这个高速变化的时代，裁员频发，零工经济兴起，企业大量使用临时工或者派遣制员工，工作不断变动，要求固守一家组织，谋求所谓职业稳定性，或者寻求唯一的职业生涯通道，都是不切实际的。

杰弗里的某些观点与米凯尔·阿瑟提出的“无边界职业生涯”的理念相一致。

无边界职业生涯的概念是由米凯尔·阿瑟于1994年提出的，是指“超越单个就业环境边界的一系列的就业机会”。与传统职业生涯观点不同，无边界职业生涯主张以就业能力提升替代长期雇佣保证，使员工能够跨越不同组织实现持续性就业。1996年出版的《无边界职业生涯》一书，对无边界职业生涯概念进行了修正和丰富，使它成为一个颇具影响的概念。

“无边界职业生涯”表示在现代组织中的人的工作（干一辈子）情况，这种组织不太强调内部边界（如等级制度和职能划分），而要求与别的组织和个人之间建立起跨越组织和金字塔网络边界的通道。从这个意义上说，无边界职业生涯就与单一就业模式以及目前的职业道路无关了，而且摆脱了传统组织对职业生涯的安排。

无边界职业生涯是独立于而不是依赖于传统组织的职业安排，其主要特征是跨越组织边界，个体在不同组织间流动，跳槽更为普遍；跨越地域边界，人们在不同地区或国家度过职业生涯；跨越职业边界，人们将拥有多重职业身份，从事不同的职业。它超越了多种边界，使职业生涯呈现出无限的可能性。

《无边界职业生涯》一书中描述了6种不同的无边界职业生涯：

（1）像硅谷公司职员一样，跨越不同雇主的边界，自由流动的职业。

（2）像学者或木匠等职业那样，从现在的雇主之外获得从业资格的职业。

（3）像房地产商那样，受到外部网络和信息持续支持的职业。

（4）打破关于层级和职业晋升的传统组织设想的职业。

（5）出于非职业本身或组织内部原因，而是个人或家庭原因令其放弃现有职业机会的职业。这里强调了对“职业与个人”或“组织与家庭”之间边界的跨越。

（6）基于从业者自身的理解，认为是无边界而不受结构限制的职业。

随着经济的发展和科技的进步，无边界职业生涯已经超出上面提到的几种模式，共享员工、灵活用工、短期雇佣、派遣员工、斜杠职业等，都应包含在无边界职业生涯范畴内。

经济竞争和技术革命催生了“无边界职业生涯”这个概念。一方面，边界是一种限制，就好比人们住在四面筑起高墙的院子里，行为会受到某种限制，但另一方面，边界具有保护的功能。在四面高墙的院落里生活，人们会更有安全感。它给人们提供躲藏的地方，使人们得以喘息。与传统的职业生涯相比，无边界职业生涯中，个体拥有更多的主动权，人们选择的机会更多，职业路径更为宽阔，但同时职业稳定性降低，精神压力加剧，对职业能力和素质的要求更高。

企业内部组织结构发生改变

职业生涯模式的变革粗略划分为两个阶段，组织职业生涯模式阶段和无边界职业生涯模式阶段。

组织职业生涯模式也称为传统职业生涯模式，在20世纪90年代之前，组织职业生涯模式占据主导地位。对劳动用工的管理，以中央集中管理为主，企业招收员工须有上级批准的招工指标，在上级主管部门指定的地区招工；企业不能自行增减人员，也没有辞退员工的权力；国家对社会用工实行统一分配，不仅包括干部、工人，还包括大、中专毕业生，技工学校毕业生和复员退伍军人，企业对员工只能进不能出。

组织职业生涯模式的特点是组织对个人的职业生涯发挥着决定性作用，个人跨越组织的行为较少并且受到限制。在此期间，组织形态比较稳定，内部呈现金字塔的形式，层级明显并呈现上升形态。员工对组织忠诚度高，组织对个人的职业生涯是有绝对权威的，并对其职业生涯发展负有主要责任。

在组织职业生涯模式下，员工忠诚于企业，发自内心地认为企业就是安身立命的地方，员工愿意为企业奉献自己的能力和才华，同时企业给予员工稳定的工作，为员工提供晋升通道，对员工的职业生涯负责。员工主动跨越组织或者跨越职业的行为很少，大多以自己对企业的忠诚和奉献换取职业稳定，员工和组织之间存在一种“关系型”心理契约。

从国际上看，20世纪90年代信息技术和知识经济迅猛发展，企业之间竞争激烈。为了应对激烈的竞争，企业内部组织结构发生改变，从传统的层级制向更为扁平的形式发展，出现了小型化、信息化、分散化等多元发展局面。企业的用工模式也随之发生变化，从长期雇佣转向短期雇佣或派遣员工的形式。本质上，是将外界的风险通过组织结构和雇佣模式的改变转嫁到员工身上。无边界职业生涯模式正是在这个背景下兴起的。

无边界职业生涯是个人职业生涯发展的另外一种方式

无边界职业生涯观点提出后，很多专家学者对此进行了广泛的探讨，但在某些方面仍然存在争议或不同的解读。

1. 对职业生涯概念的认识不同

传统职业生涯更重视职业的专业性，认为职业是一种专业，“律师、医生、工程师”这些专业性较强的职业具有职业生涯，而对于“普通”的职业，如“售货员、快递员”等被认为是非专业性的职业，则不强调其职业生涯。无边界职业生涯是指与工作相关的整个职业生涯过程——无论从事何种职业，并不强调其职业的专业性。

2. 职业的稳定性

传统的职业生涯是以职业稳定为前提的。一个人在1—2个组织内工作到退休，退休后可以得到满意的退休金。无边界职业生涯的突出特点是在各个组织间频繁流动，一个人可以在多个组织内工作。

3. 雇佣关系的不同

传统的职业生涯是从稳定的角度出发，企业提供长期的雇佣保障来换取员工对企业的忠诚；无边界职业生涯企业更关注员工绩效，员工更关注自身的经济利益和就业能力的提高。员工与企业之间的心理契约由关系型转变为交易型，这种心理契约的变化对员工产生了深刻影响。

4. 职业生涯的发展阶段不同

传统职业生涯强调以年龄划分职业生涯的发展阶段，普遍是三段式人生模式。无边界职业生涯则打破年龄束缚，任何年龄的人，都可以开启新的职业生涯，更强调多段式的职业人生。

5. 职业生涯成功标准的变化

职业生涯是否成功可以从两个层面进行衡量——客观层面和主观层面。传统职业生涯主要从客观层面进行评价，如职业地位的提升和薪酬的高低，这也是长期以来大多数人认为的职业成功的特征。无边界职业生涯的成功标准则更注重主观层面——胜任力的增强、获得尊敬、学习新知识的机会等。内部的轮岗和横向的调动，使员工能够掌握多项技能，帮助其提升持续就业的能力。职业成功的标准从看重结果转变为看重过程，从看重外在评价转变为看重个人内在感受。强调职业成功更重要的是心理成功，是达到人生目标的成就感和自豪感，是个人成就，工作的意义，社会贡献，家庭幸福和内心的平静等。

6. 职业生涯的自主性

传统职业生涯中，组织对个体的职业生涯负有主要责任，个人施展的空间受限；在无边界职业生涯中，员工和企业之间只存在短期雇佣关系和低水平的忠诚度，个人在管理职业生涯时更加积极主动。

无边界职业生涯的概念提出于 20 世纪 90 年代中期。20 世纪80年代，人才大约要15—20年才会有一次工作变动；80—90年代，缩短为每隔10年人才大约会有一次工作变动；到20世纪90年代，缩短到每隔5年人才大约会有一次工作变动。随着经济的发展和技术的进步，工作世界也在发生变化。人工智能技术的应用、新兴职业的大量出现，旧职业消亡和新职业诞生加速，加剧了人员流动，使得人们能够跨越多种边界，职业生涯更加丰富。

无边界职业生涯的观点的提出对传统的职业生涯管理造成了非常大的冲击。当然，在职业生涯无边界时代，并不意味着传统职业生涯的消亡。无边界职业生涯是在传统的职业成功标准之外，人们对职业发展和职业成功的一种新的界定形式，是在企业外部竞争日趋激烈、内部不确定性不断增加的情况下，个人职业生涯发展的另外一种方式。

第一篇

未来全新的工作模式

以组织为主导的传统职业生涯时代，组织在个体职业发展方面具有绝对的权威，个人服从组织的安排。在无边界职业生涯时代，组织对个体的职业生涯丧失了主导地位，职业生涯的主体是个人，每个人要为自己的职业生涯负责任。

个体成为职业生涯的主人

职业是谋生的手段，是参与社会劳动，以个人的专业能力获得合理报酬和社会地位的工作方式。职业生涯是人生的重要组成部分，职业生涯的发展状况直接影响着生活质量，职业生涯的成功与失败是我们的人生成功与否的重要参照系。

以组织为主导的传统职业生涯时代，组织在个人职业发展方面具有绝对的权威，个人服从组织的安排。在无边界职业生涯时代，职业生涯的主体是个人，每个人要为自己的职业生涯负责任，组织对员工的职业生涯丧失了主导地位，只能起到辅助和支持作用。

当职业生涯的决定权掌握在自己手中时，人们却感觉到更多的焦灼和压力。一方面，稳定的职业越来越稀缺，合同制、派遣制等灵活用工形式正在替代传统意义上的雇佣制；另一方面，虽然职业生涯有了更多的可能性，自主择业成为趋势，但实际上，人们面对的选择并不多。

稳定职业越来越稀缺

何谓稳定职业？职业稳定性简单来讲就是指在一段时间内有固定的工作，不会轻易被解雇。职业稳定性带来安全感。上学、工作、退休，典型的三段式人生。三段式人生最重要的是保证职业稳定性。三段式人生看起来乏味，一眼看到头似乎很无趣，随着近年来就业难题的不断加深，裁员、失业加剧，拥有一份稳定的工作成为很多人的追求。稳定的工作能支撑起一个家庭的基本开销，让家人和自己过上安稳的生活，不致食不果腹，奔波劳累。很多人都希望有一份稳定的工作，并渴望在相对稳定的工作基础上寻求发展。

李淑兰出生于 1961 年，是典型的“60 后”。高中毕业正赶上国家刚刚恢复高考，她顺利考上当地的师范学院。毕业后分配到市属中学担任教师，从教师到教导主任，再到分管教学的副校长直到退休，她的职业生涯一直非常稳定。

公开数据显示，2020 年 3 月，隐性失业人口（又名亚失业，指员工被减少薪水、无薪休假、缩减工时、削减福利等弹性工作安排）一度达到 7611 万，失业加上隐性失业人口数量更是高达 1.022 亿。中国社会调查事务所就城市居民求职择业方面的问题在北京、天津、上海、广州、武汉 5 地进行了专项问卷调查。调查人员发现，就业安全和职业的稳定性成为公众最为关注的话题。在“选择工作时，你最看重哪些因素？”的调查中，26%的被调查者最看重收入；39%的被调查者最看重工作单位的性质；21%的被调查者最看重福利待遇，他们希望享受到好的福利待遇；14%的被调查者最看重自己在单位的稳定性，能够较稳定地在某一单位工作 5 年以上是他们的最大愿望，部分人甚至愿意放弃一部分的薪水，来换取更稳定的工作。网友评选十大稳定职业，公务员名列第一。自公务员考试制度建立以来，招录规模呈现攀升的态势。在 2021 年各省公务员考试中，河南省公务员考试报名人数经过连续 3 年的增长，已接近 50 万人，整体竞争比例达到 63：1。重庆市公务员考试竞争最激烈的岗位报招比例高达 410：1。目前已经结束的国考报名人数则达到了 157.6 万人，比 2020 年增加了 13.6 万人，足以说明稳定职业广受青睐。

稳定职业越来越稀缺，且竞争激烈，而合同制、派遣制等灵活用工形式正在替代传统意义上的雇佣制。在竞争激烈的今天，企业通过用工形式的改变将风险转嫁到劳动者身上，也是不争的事实。同时也应该看到，所谓“稳定”可能是另一种“不稳定”。

2018 年 5 月，国务院作出推动取消高速公路省界收费站的部署。拆除省界收费站，设置虚拟收费站进行收费。该虚拟收费站能自动识别进站车辆信息和通行路径，移动支付代替传统的人工收费，车辆可以快速驶出收费站，通行缓解了因收费站拥堵带来的不便。虽然此举降低了收费站的拥挤，效率大幅度提升，但高速公路收费员却开心不起来。2018 年 1 月 8 日起，河北唐山城市路桥的所有收费站停止营业。决定一经公布即遭到了收费站员工的反对。收费站关闭，意味着他们将失去工作。其中一位女员工说："我的青春都交给收费站了。我今年 36 岁了，除了收费什么也不会。"36 岁被下岗，对很多人来说，并没有做好心理准备。在 10 年前，高速公路收费员是多少人趋之若鹜的热门职业——国有企业，工作轻松，风吹不着雨淋不着。这位 36 岁被下岗的收费站员工，第一天进入工作单位时，一定没有想到，有一天"铁饭碗"会被打破。

技术革命，时代巨变，常常让人猝不及防。所谓"稳定"，都是相对的，几年前看似稳定的工作，随着社会发展和时代的改变，也面临着变化。20 世纪八九十年代供销社商店的售货员是个令人羡慕的职业，粮食局下属的粮店店员也同样令人艳羡。当时国家实行统购统销，很多商品凭票购买，粮食和农副产品非常紧俏。在这些单位上班能得到些许便利，而且工作相对轻松。但随着粮油的放开和商品的繁荣，供销社商店渐渐式微，粮店已经消亡，大部分员工面临转岗或下岗的命运。被誉为"金饭碗"的银行职工同样面临失业的风险。受经济增速放缓影响，经济进入低利率时代，银行为了削减成本频频裁员。据媒体报道，国内 5 大银行工行、农行、建行、中行、交行统计起来，2019 年上半年裁员人数超过了 3 万人。不仅如此，国家事业单位改革正在推进中，事业单位将逐步走向市场化。不久的将来，事业单位员工和公务员也不再高枕无忧。

想当然地认为，“铁饭碗”捧在手，一辈子就高枕无忧的时代一去不复返了。我们能做的是改变旧的职业观点，拥抱职业变化，接受不稳定的现实。这个时代，已经没有终身制。

要有危机意识

长期从事一种固定的工作，容易使人沉浸在自我满足的状态中，安于现状，不思进取。习惯了工作环境，熟悉了工作流程，满足于工作本身，慢慢就会懈怠下来。工作变得流于形式，浮于表面，久而久之就会失去处理困难问题的能力。舒适的环境往往潜藏着危险，所以要居安思危，时刻保持危机意识，做好随时重新开始的准备。

李义是某商贸公司的销售经理，他热情、肯吃苦，对工作充满激情。由于工作业绩突出，第 2 年就被提拔到销售主管的位置，第 3 年成为公司的销售经理，李义成为公司的明星员工。但随着时间的推移，他的工作激情慢慢消退，进取心减弱，只想守住现有的“地盘”。直到公司决定成立销售二部，提拔他的部下为销售二部经理，成为他的竞争对手，他才意识到危机来了。

具备职业危机意识，应从以下两个方面考虑：

1. 工作激情是否退化

随着工作经验的积累，难免出现“历尽沧桑”以后的瓶颈期，前行动力不足，容易产生“守成”的思想。创造性和主动性降低，只满足于按部就班地完成工作，工作绩效不尽如人意。殊不知，这时候是最危险的时期，稍不注意，就会陷入“温水煮青蛙”的境地。这时候需要重塑活力，在工作上设定新的目标，促使自己保持良好的工作状态，激励自己不断前行。

2. 是否保持创造力

时代正处于巨变当中，未来充满了不确定性。2020 年的一场新冠肺炎疫情，使许多人失去了工作岗位；随着科技创新，人工智能技术的应用，一些重复性工作岗位正在被机器取代。未来真正有价值的工作是具有创造力的工作。按部就班，得过且过，缺乏创新思维终会被淘汰。所以要保持清醒，未雨绸缪，当危机来临时，才能够有信心和能力去面对。

思考你具备哪些通用能力

人际交往能力、沟通能力、解决问题的能力、合作能力、领导力、适应能力、学习力、创造力、行动力等通用能力被称为可迁移能力。可迁移能力是指能够从一份工作中转移运用到另一份工作中的、可以用来完成许多类型工作的技能。可迁移能力适用于不同的行业、职业和岗位的不断变化，是跨行业职业变动的核心技能。

销售员玛丽 · 海伦 · 史密斯在一家家装公司工作。她那天的销售额已经超过 2.5 万美元，是公司销售额最高的。然而，她似乎并不急于做成一单生意。相反，史密斯用善意温和的语气与客户耐心沟通。她会把每一次来电者的遭遇细节都提取出来，就好像她和一个失散多年的老朋友重新联系上一样。夏威夷的一名女士想买一个水槽，却想讨价还价，史密斯从来不会马上说不，她会让那个女士告诉她一些家装改造的想法，并对每个细节都给予友好的回应。“你的选择真棒”或者“你选的颜色真可爱”。两分钟后，史密斯全价签下了订单。在史密斯的案例中，同理心是她的核心竞争力。

当你从事的职业或者行业开始衰落时，可迁移能力能够帮助你顺利地转到其他类型的职业或另外一个有前途的朝阳行业中。当今时代，职业处于不断的变化中，新旧职业更替加剧，提升个人的可迁移能力，才能适应时代的发展。如果说特定的专业技能可以让你在职业之路上走得更深，那可迁移能力能让你走得更远。可迁移能力是无边界职业时代的关键能力，是可以伴随终身的可持续发展的能力。

你的专业技能在提升还是在退化

专业技能是保证持续就业的基本能力，是职场竞争力的根本要素，是安身立命之本。在知识快速更新，技术飞速发展的社会，只有不断学习，不断更新知识，才能提升专业技能水平。

学习能力是一切能力的基础。如果把个人的成长和发展比作一棵大树，学习能力就像是树根。学习能力强，汲取的养分就多，大树就能够茁壮成长，个人就会不断进步。反之，这棵大树就会停止生长甚至枯萎，个人就会停止发展以致被社会淘汰。

以机器人、人工智能为主的新技术革命不断刷新就业岗位，带来工作任务的变化，改变着对劳动技能的要求，新技术革命正在重塑工作所需要的技能。相较于劳动者从事的就业岗位和具有的学位，劳动者掌握的工作技能和就业所需的技能更有助于反映劳动力市场的供给和需求。因为即使是同一职业，具体的工作内容也会随着时间的变化而发生较大的改变。劳动者所掌握的知识也会面临随时间变化加速折旧的挑战。世界经济论坛（2018）调查的企业数据统计显示，理工科学生取得4年学士学位时，他们在刚入学时所学的内容有近50%将会被淘汰。

学习能力可促进职业生涯的持续性发展。职业生涯是一个持续不断发展的过程，只有通过不间断的学习，才能从容应对职业生涯中所遇到的各种挑战。在一个人的职业生涯中，单靠学校教育是远远不够的，不断地补充、吸收知识，更新自身的知识结构，才能实现自身的“保值“和“升值”。美国当代管理学家彼得·圣吉提出了“终身学习”的理念。他指出一个人所掌握的知识如果每年不能更新7%的话，就无法适应知识社会的变化。要使自己在技术飞速发展中不落伍，只有不断精进，更新知识储备、掌握新技能，如此才能适应工作的需要，具有职场竞争力。

组合技能是加分项

在无边界职业生涯时代，技能是最好的通行证。但技能并不是单一的，任何一个职业都需要不同类别的技能组合。关于技能的分类方法，美国劳工统计局用思考技能、沟通技能以及操作技能来区分。职业专家将技能分为基础性技能、技术性技能和人际交往技能。技术性技能指应用于特定职业的技能，这些技能包括从使用某种设备到管理和安排一个复杂的计划。我们可以通过学习获得大多数的技能，这就好比一个装满技能的工具箱，我们可以任意地添加技能、打磨技能，然后把技能带到下一份工作里去。

小童研究生读的是心理学专业。毕业后因种种原因未能进入心理学领域工作，而是进入一家科技公司担任数据分析师。两年后，工作渐渐安定下来，小童也有了较为宽裕的时间，她还是念念不忘自己所爱的专业，于是利用业余时间有计划地读一些心理学方面的书籍，参加心理学小组的活动，结交了一些志同道合的朋友。后来在心理学方面的公众号上发表文章，翻译一些心理学的文章等。小童对现在的工作比较满意，暂时没有跳槽或从事第二职业的打算，对心理学的学习没有太多的功利色彩，这反而让她更加放松地学习。

“社会经济快速发展使得合适的技能组合在劳动力市场上的重要性与日俱增。尤其是高级认知技能（比如解决复杂问题的能力）、社会行为技能（比如团队工作能力）以及能够预测适应能力的技能组合（比如推理能力）。”组合技能是加分项，可以不转行，但要具备转行的能力；可以不跳槽，但必须保持跳槽的能力。跨岗位学习，掌握新技能，可以使职业生涯之路更加宽广。当一个行业走向衰落时，个人的力量是微不足道的。行业的衰落令我们在本行业内的技能无用武之地，这对于个人来说是悲哀的，但没有人能阻挡社会的进步。在时代的洪流面前，我们能做到的并不多，顺势而为，最为关键。当现有工作出现问题时，或者所处的行业出现危机时，跨专业或者跨行业的技能能够帮助我们开辟新的道路。

第二职业可抵御风险

辛颖在一家制造企业工作了近 20 年。这是一家集体改制企业，效益一直不太好，长期处在艰难维持的状态。辛颖原是财务部的会计，但因为年龄偏大，加上对新知识的渴求又不强烈，胜任这个职位有些吃力。两年前她提出调到生产车间，担任生产内勤。生产内勤的工作主要是统计数据，相对简单。新冠肺炎疫情期间，公司停工停产，待疫情平稳后，很多企业都在积极复工，她也一直在等上班的通知，但是没有想到的是，她等来的却是裁员通知。原来她所在的第二生产车间因为效益不佳，决定停止生产。除技术骨干并入了第一车间外，其余员工全部辞退。对于企业来说，这是断腕求生，迫不得已。虽然有些意外，但辛颖并没有惊慌失措，她的底气来自第二职业。

辛颖平日喜欢做甜品，她常常请同事们品尝自己的“作品”，其中她做的牛轧糖很受欢迎。周末她在社区的一家面包店做兼职店员。这是一家很小的面包店，品种不多，老板负责烘焙，另一位店员负责销售。有一次她请老板品尝自己做的牛轧糖，老板称赞不已。她顺势提出，能否将牛轧糖放在店铺代卖，销售额分成，老板爽快地答应了。小店打出纯手工牛轧糖的标签，没想到很受欢迎。随后她扩大自己的销售范围，又与另外两家面包店达成协议，现在给 3 家面包店供货，收入也越来越多。

新冠肺炎疫情期间，停工在家，辛颖请读大学的儿子帮着在淘宝上开了一家小店，主打产品就是纯手工牛轧糖。因为有了第二职业，她的收入并没有受疫情太大影响。现在的她全力打理自己的淘宝小店，同时努力拓展线下业务，第二职业变成了正式职业。

与辛颖不同的是，连岳从事第二职业是深思熟虑的结果。32 岁那年，是连岳工作的第 8 个年头。他在一家大型广告公司任客户经理。他热情，能干，有头脑，善于沟通。一天，他接到一位大客户的电话——是长期合作客户的市场部总监。这位市场部总监在电话里只简单地说自己准备离职，想去国外散散心，广告合作方面的事情请他与新任总监接洽。虽然只是短短的几句话，但连岳还是觉得很不寻常。原来，该公司近几年经营不畅，销售收入下滑，组织架构调整后，市场部的作用越来越小，这位市场部总监只得被迫辞职走人。连岳刚参加工作就与这家公司打交道，听到过不少这位市场部总监的丰功伟绩，没想到竟落得如此结局，令人唏嘘。他联想到自己，虽然现在顺风顺水，但未来如何，很难预料。思来想去，他决定未雨绸缪，趁着自己还年轻，尽早开辟第二战场。

有了这个想法以后，他并没有贸然行动，而是开始做市场调研。他查资料，听讲座，请教一些成功人士。经过慎重考虑，最后决定进入早教行业。确定方向以后，他开始对北京的早教行业进行摸底，发现早教行业品牌众多，投入较大，自己无法支撑。这时，他想到了自己的老家——离北京只有 100 多公里的三线城市。经过调查，当地的早教市场很不规范，目前没有形成品牌规模。他说服一位老同学成为合伙人，这位老同学有经商经验，熟悉本地市场，两人共同投资也缓解了资金压力。经过近 1 年的考察、摸索，他们的早教机构正式成立了。每到周末他便开车回老家经营生意。经过 3 年多的努力，机构已经在当地小有影响力。新冠肺炎疫情期间，早教中心推出视频课程，每天忙得不亦乐乎。目前他的第二职业收入已经与正职收入不相上下。比起那些疫情过后担心裁员的人们，他更踏实、安心。更重要的是通过第二职业的磨炼，连岳觉得自己成长了，跳出了自己熟悉的圈子，进入一个陌生但又有挑战的行业，重新学习，积累经验和人脉，让他的职业前景更加开阔。

第二职业的选择没有一定之规，有些人是从兴趣出发，比如辛颖，将自己的兴趣爱好转变成职业；有些人则是像连岳这样，敢于跳出自己熟悉的领域，选择更有前景的朝阳行业，进入一个新的圈子，打破已有的惯性，培养一种新的技能。一旦你的第一职业出了风险，有第二职业做支撑就不会慌张胆怯。

后疫情时代，就业情况不容乐观，选择第二职业，不仅增加了收入，还为自己的职业生涯开辟出新的道路。

延伸阅读：《能力迁移》

本书作者乔治·安德斯（George Anders）通过3年来对美国跨行业多场景的调研，得出结论：可迁移能力可以通过“批判性思维”的训练而养成。

书中开篇即提到软件正在吞噬世界，在某些方面机器人比人力更快捷，性价比更优，但机器不能代替人完成所有工作。科技的进步使一部分传统职业正在消亡，同时催生了一批新兴职业，那些看似不变的职业也会顺应潮流改变工作需求。在这个瞬息万变的世界，人与人之间的连接变得更加重要，在通往成功的道路上，人们的创造力、共情力、合作力——和人打交道的能力正成为职场中的基本素养。

第二篇

重新定义职业成功

在无边界职业生涯时代，个体有机会做出多种尝试，以此来寻找最适合的职业之路。体面而稳定的工作，升职加薪，追逐财富这些成功职业的传统标志，在这个时代被打破，人们开始重视内心感受、实现个人价值和如何度过有意义的人生。

职业态度正在悄然改变

体面而且稳定的工作，财务自由是以往职业成功的标志。当今社会，这种观念正在被打破。在某求职网站做得“你认为理想的工作应该具有什么要素”调查问卷中，“学习机会”“工作成就感”“灵活的工作方式”位列前 3。成功职业的传统标志，在今天已经变得不再重要，人们更注重的是内心感受、实现个人价值和如何度过有意义的人生。

“世界那么大，我想去看看。”——河南实验中学老师顾少强写的辞职信风靡全网。辞职后，她去了成都、杭州、哈尔滨、大连等地旅游。在旅游过程中，结识了现在的伴侣。目前他们已经定居成都，开了一家名为“远归”的客栈，并有了自己的小宝宝。他们旺季打理客栈，淡季出门旅行。顾少强把自己的经历写成了书，她说这辈子做的最不后悔的一件事，就是辞职，其实辞职不是因为勇气，而是因为对自由生活的渴望，那些羡慕我们的人们，如果想买大房子，想开好车，想吃好的穿好的，就不要羡慕我了。我的简单，你们做不到。还是安心工作，走自己的路吧。

从改革开放到现在，几代人的职业观发生了很大变化。“60 后”参加工作正值改革开放初期，绝大部分人进入体制内或国有企业工作，他们的职业是稳定的。直到国有企业改革，“一夜下岗”的人们被推入劳动力市场，他们是最渴求稳定的一代人。“70 后”延续了“60 后”的特质，追求稳定。“80 后”看重物质的保障，愿意挑战高薪。“90 后”的职业观呈现多元化态势，他们不再盲从上一辈的观点，开始关注自身的发展，注重内心的感受，从关注外部——升职、加薪、买大房子，到关注内心的丰盈——氛围、兴趣、自主性等。“95 后”的职业观大胆而富有个性，《95 后迷之就业观》报告中提到，48% 的“95 后”毕业生或准毕业生选择了不就业，而其中超过 15% 的人向往自主创业。已经开始步入职场的“00 后”主观意识强烈，更具有独立性，相比规律化和刻板化的生活，他们更愿意挑战新事物。

年轻人不再单纯地将薪酬作为选择工作的主要目标了，而是从工作氛围与生活质量方面进行综合的考量。他们比较偏向通过个人兴趣去做出选择，更加关注自身长期发展，注重自我价值实现。不同年龄段就业选择标准只是时代潮流下的一个缩影，社会的发展提供了更多的选择余地，也在无形中塑造了他们的职业价值观。

谁才是成功人士

大原扁里1985年出生于日本爱知县。高中毕业以后，他想破脑袋也想不出自己以后干什么，因此错过了大学报名日期，没有继续升学读书。后来大原扁里进入工厂做派遣员工。日本的正式员工和派遣员工同工不同酬，而且工作稳定性差。在这间工厂，正式员工只需要操作三四台机器，而大原扁里最多时要兼顾7台机器，来来回回地在机器间行走，根本没有一丁点儿的休息时间。不仅如此，如果遇到其中一台宕机，赶不上下一道工序的加工任务，就会被上司责备。忙起来的时候常常工作12个小时，薪水却很微薄。工作一天常常已经筋疲力尽，回到家只想睡觉，即使周末休息，也在“补觉”中度过。

除了工厂做工，他还尝试了其他工作，比如在站前便利店打工，在书店当店员等。不管是什么工作，都非常辛苦、忙碌。在书店时，常常忙到没有时间吃午饭。当客人少，他提出休息一会儿时，却遭到店长的“白眼”。有一次跟小伙伴聊起工作的事情，小伙伴一脸平静地说：“工作12个小时，这很正常啊。”小伙伴觉得很正常的事情，他却觉得“很不正常”。他说："待在不正常的地方久了，就会觉得那很正常。明明是很可怕的事，现在却好像一点儿也不稀奇。"他对"我只看重连饭也不吃，拼命工作的人"这种理念不认同，对于"工作狂很伟大"的工作至上主义无法理解。他认为"努力"并不等同于"勉强自己"。如果一个人为了工作而失去真正的自己，失去自由，那太不值得了。经过思考，他决定辞去派遣工作。从那以后，他便没有做过一份可称为"职工"的工作。他决定不在意头衔，不麻烦别人，只做能够吃饱饭的工作就行了。他现在每周只工作两天，过着"做二休五"的日子。

无独有偶，日剧《我想一周休四天》中的女主青木华也抱着同样的想法。她一个人居住，找了一份可以每周休息 4 天的兼职工作，过着简单的生活。别人问她，你这样做能吃饱饭吗？她说：我这样做就是为了能够好好吃饭呀。原来青木华在以前的公司工作时，因为工作过于繁忙，常常不能按时吃饭，虽然挣着远高于现在的工资，却没有时间好好吃饭。

不管是"做二休五"还是每周工作 3 天，从大原扁里到青木华，他们的选择代表了另一种职业观。

人类最宝贵的财富是时间，时间的使用有多种方式，或用于劳动，或用于休闲，每个人都有选择的权利。在"996"成为标配的今天，闲暇时间变得格外珍贵。在这个强调奋斗的年代，有一部分人，开始追求"不那么努力"的人生。通过降低物欲，满足最低生活标准，减少工作时间，拥有更多的闲暇时间，同样是一种职业选择。

主动选择不奋斗也是可以的。成功是唯一的吗？成功有标准公式吗？有些人开始注重内心的快乐，而不是外在的光鲜。所谓世俗的成功并不是人生的唯一答案，主动选择拥有自己的时间，过自己想要的生活，或许是另一种意义上的成功。

几辈子的人生

林凯 1984 年大学毕业后被分配到农林局工作，因为文笔好，很快调到局办公室任秘书。他工作勤勉，聪明干练，前途一片光明。这时林凯遇到了生命中的第 1 位贵人。当地一位颇负盛名的企业家欣赏他的才华，向他抛出橄榄枝，高薪邀请他加盟。30 出头的林凯不顾家人的反对，毅然从机关辞职，进入这家民企担任高层管理者。借国家经济高速发展的东风，公司迅猛发展，20 年间已经发展成为拥有 5 家公司的小型集团。林凯作为企业元老之一也一路高升，荣升集团的副总裁。这时，处于职业生涯的鼎盛时期的林凯遇到了生命中的第 2 位贵人。他到北京进修攻读工商管理硕士时，遇到一位很谈得来的同学。这位同学说有一个好项目，邀请他一起创业。林凯一直怀揣着创业梦想，只是没有找到合适的项目，遇到合适的机会。尽管年届 50，但林凯依然激情满满，他抱着“再拼一把”的想法重新出发。他来到北京，成为一家初创企业的合伙人，和同学一起评估项目，寻找启动资金，组建团队，每天依然在职场上奔忙。

林凯 30 岁之前在机关工作，前途美好，但日子仿佛一眼能望到头，之后投身民营企业担任高管职位，十几年跟随企业一路摸爬滚打，练就了一身好本领，50 岁开始创业，选择重新出发。回顾自己的职场经历，林凯说："就像过了几辈子的人生。"

在无边界职业生涯时代，时代给人们创造了更多的发展机会，个人拥有充分的选择自由。更重要的是，人们可以专注于自我成长，追求人生更丰富的阅历。厚重的人生，由自己创造！

破除年龄壁垒

40 岁的翟先生在某商贸公司担任销售总监。他在公司兢兢业业工作 12 年，是公司创业元老之一。不久前营销副总外派到分公司担任总经理，翟先生认为自己是接替营销副总的不二人选。论资历、论能力非他莫属。可他左等右等的任命通知并没有到来，公司反而很快从外面聘请了一位营销副总，年龄比自己还小 3 岁，这让翟先生面子上很过不去。冲动之下，他提出辞职，没想到的是公司并未挽留，交接工作只用了不到两天的时间就完成了。他怀着复杂的心情离开了工作了 12 年的公司。

辞职之初，他信心满满，觉得凭借自己的经验和人脉，找份工作很容易。可现实并不如他所愿，应聘了几家公司，全部石沉大海。后来通过了解才知道，主要卡在了年龄上。对于商贸类型以销售为主导的公司，销售总监的年龄一般在 35 岁左右，营销副总的年龄在 40 岁左右。应聘销售总监，年龄明显“超线”了，应聘营销副总，又缺乏同岗位工作经验。翟先生的心情坠入谷底。

职场中年龄歧视已经不是秘密。特别是某些新兴行业被称为年轻人的行业——从业者大都是年轻人，比如互联网行业、游戏行业、新媒体行业等。35 周岁成为职场上的一个“硬指标”。公务员考试，大多要求 35 岁以下，企业招聘除特殊职位外，大多数招聘也都限定了 35 岁以下。如果普通岗位的求职者过了 35 岁，简历极有可能石沉大海。企业的在职人员，一旦过了 35 岁也开始变得提心吊胆，担心被“优化”或者“劝退”。智联招聘发布的一份报告显示，12.2% 的白领认为 35 岁之后有失业的风险。2020 年 3 月失业的 35 岁及以上人口中，目前仍有近 2/3 在继续寻找工作。

职场就是这样残酷，人不会永远年轻，但永远有人年轻。每年有几百万名大学毕业生涌进劳动力市场，他们精力充沛，容易接受新事物，更能适应高强度工作。35 岁，成为职场人的一道坎儿。纵然现实残酷，但更多的人成功突破年龄边界，在职场开辟出新的天地。

袁芳芳大学学的是新闻学专业，毕业后被分配到报社任记者。工作 20 多年，兢兢业业，一直做到主任记者。随着纸媒式微，单位领导又考虑她将满 50 岁，就将她调到二线工作，负责一些勤杂事物。这让她很不甘心。恰巧单位号召大家“离岗不离职”——离开单位自谋出路，职位可以保留在报社。这也是单位分解人员的办法。她遂提出申请自谋出路。经过深思熟虑，她创办了一家小型文化经纪公司，公司主要承办一些书画展览，她担任书画家的经纪人。她原本就喜欢书画，是一名业余书画爱好者。在报社工作时，她负责的版面是文化教育版块，当地的很多书画家都曾是她的采访对象，她对这些书画家的特点、风格非常了解。

从记者到书画家的经纪人，且出任公司的总经理，职业转型跨度很大。但她懂得如何巧妙地利用以往的资源，使其利益最大化，况且她对文化领域比较感兴趣，工作起来很愉快。经过几年的努力，公司渐渐有了起色。“这份工作，只要身体允许，我可以做到 60 岁或者 70 岁，主动权掌握在自己手里，这一点让我安心。”她说。而且几年下来，她的收入远远超过报社记者的收入，这也是她全心投入的动力之一。

传统职业生涯理论对职业生涯阶段有较为明确的划分，如萨柏（Donald E. Super）的职业生涯发展理论，该理论研究职业生涯的纵向发展，根据年龄把人的职业生涯划分为 5 个主要阶段：成长阶段、探索阶段、确立阶段、维持阶段和衰退阶段。

职业生涯发展理论表

阶段	年龄	特征
成长阶段	出生—14 岁	形成自我概念，能力、态度、兴趣等逐步培养，并对工作开始形成大致的理解。
探索阶段	15—24 岁	开始在课堂、工作实践中进行尝试，并有意地收集相关的信息。尝试性地开始选择、发展相关的技能。
确立阶段	25—44 岁	开始通过工作实践接触和获得各种技能。

续 表

阶段	年龄	特征
维持阶段	45—64 岁	不断调节并在工作中得到发展的过程。
衰退阶段	65 岁以上	产出开始减少，准备退休。

以上职业发展理论是以职业稳定为前提的，在职业不确定的今天，职业生涯跨越了年龄边界，像袁芳芳一样，在 50 岁的年纪——职业维持阶段的年纪，又重新探索新的职业生涯，重新选择职业并谋求发展，这种情况在当下并不少见。也有的人不被年龄所限，在不同的年龄段开辟新的职业。所以说年龄不再是划分职业生涯阶段的唯一标准。随着寿命的延长，人们退出职场的年龄也在延长，延迟退休政策也在研讨中，退而不休的人正在增多。

科学技术日新月异，对各个年龄段的从业者提出了更高的要求，跟不上时代发展的步伐，必然被淘汰。中年人拥有自己的优势，经验丰富，情绪稳定，具备一定的经济基础，在行业内有丰富的人脉资源。这些都是年轻人不具备的。利用自己的优势，整合资源，为自己开辟新的战场提供帮助，例如袁芳芳，在原单位积累了大量的资源，和很多书画界人士成为朋友，为她打开新事业的大门提供了很多帮助。

在职场中，不要被年龄所限。不管处在哪个年龄段，保持职场竞争力，学习和发展新的技能是在职场立足的关键。

多种尝试的可能性

在无边界职业生涯时代，多样化的职业选择成为常态。有些人追求稳定，有些人追求好玩、有趣。职业理想不再单一化，而是更加丰富多彩。

袁静第一份工作是在一家小型广告公司做行政文员，她性格安静、温和，做事认真，很有责任感。工作 3 年后她结了婚并很快怀孕了。上司几次暗示她离职，并且新招聘来一位员工接替了她的工作。这是她第一次感到职场的残酷。她与公司谈判，拿到了离职补偿，于是安心在家待产。孩子满 1 周岁后，她琢磨着做点事情，贴补家用。丈夫在中学担任物理教师，工作繁忙，收入稳定，但仅靠一人的收入要养活一家三口，还是有些吃力。她开始从网上接一些翻译的工作，可以一边带孩子，一边工作。虽收入不多，但对于家庭还是有帮助的，更为重要的是，这让她有了自信："觉得自己还有能力做些事情，我还有用。就是这种感觉。"孩子上幼儿园后，她决定重返职场。求职之路并不顺利。她忽然发现，自己并没有一技之长或者核心竞争力。3 年的行政文员工作，多是些毫无技术含量的事务性工作，可替代性很强，刚刚毕业的小姑娘入职一周就能胜任，公司为何要招聘一位 30 岁的人？兼职翻译工作，她只能接一些简单的任务，专业性的翻译需要具备一定的知识背景，她又无法胜任。正在绝望之时突然出现曙光，一家花店的老板问她愿不愿意做自己的助理。这简直让她喜出望外，立刻答应下来。

原来她居住的社区有一间很大的花店，常常搞插花知识的义务讲座。她本来对插花就感兴趣，只要有时间就去听课。她小时候学习过绘画，对造型很敏感，在课堂练习环节她往往做得比其他学员好，老师很欣赏她。这位老板计划成立一间“花道工作室”，正好缺人手，老板觉得她的性格和悟性都适合这个工作，遂向她发出邀请。

袁静觉得自己很幸运，找到了一份自己喜欢的工作，漂泊的心终于安定下来了。

在无边界职业生涯时代，作为个体的我们，有机会作出多种尝试，来寻找最适合自己的职业之路。就业环境改变了，人们总是能逼迫自己不断“变身”，或者选择自己喜欢的事情做，或者利用自己的优势去工作，无论怎样，重要的是让人生有回旋余地，让自己变得有价值。

零工经济的兴起

戴安娜·马尔卡希是零工经济（Gig-Economy）的最早研究者之一，她创立并教授了一门关于零工经济的课程。该课程被《福布斯》列为全美“十大最具创新性的商学院课程”之一。她在《零工经济》一书中这样定义零工经济：如果把当前的工作世界当成一把尺子，设想它一头是传统意义上由企业提供的职业阶梯，另一头是失业，那么两头之间范围广、种类多的工作便是零工经济。它包括咨询顾问、承接协定、兼职工作、临时工作、自由职业、个体经营、副业，以及通过自由职业平台等网站平台找到的订单式零工。

作为伴随着以数字化、网络化为基础的共享经济时代发展起来的新型工作形式，零工经济带来的是一种以人为本的组织模式和工作方式：从“企业—员工”到“平台—个人”。

零工经济对我们工作方式的影响才刚刚开始。仅一代人之前，大部分人还都希望成为全职员工，做稳定的全职工作，整个职业生涯不跳槽或仅跳一次槽。正值退休的这代人确实如此，他们有一份稳定且持续增长的收入，拿着公司提供的稳定的福利待遇，最后还能享受公司发放的退休金。而今天的人们却很少可以沿着这种预先确定的职业阶梯慢慢向上爬，变化就是如此之快。仅仅一代人的时间，满载着众多渐进式晋升、丰厚福利待遇的稳定工作机会的火车便已驶离了车站。

英国牛津大学互联网研究院教授马克·格雷厄姆（Mark Graham）在世界经济论坛官网刊文，表示零工经济的发展大势难以逆转，2019 年英国约有 10% 的工人靠零工经济谋生，在美国这一数字约为 8%，而在不丹、越南和哥伦比亚等国家，有超过 25% 的劳动者是通过自我雇佣的方式实现就业的。

相较于欧美等国家，目前我国零工经济仍处在起步阶段。在后疫情时代，零工经济得到快速的发展。特别是一些小微企业受到疫情影响，出现倒闭、破产的情况，企业员工甚至老板，在约车平台注册成为司机，或在外卖平台注册成为外卖员，以解燃眉之急。

据媒体报道，2020 年上半年，“自由薪”新增注册用户近 30 万人，涉及 50 余个城市的生鲜、医药健康、日化等众多行业。在我国，零工经济大概能够容纳两亿人的就业，会大大缓解当前的就业压力。

零工经济对我们如何进行职业规划和构建生活方式产生了巨大的影响。零工经济意味着自我雇佣，而自我雇佣则意味着工作的自主性更强，能够较少地受雇主约束，个人有更多的选择权和自主权。

我们有理由相信，零工经济作为一种新的雇佣方式对我们工作和生活的影响才刚刚开始。

斜杠族

斜杠族是一群不满足“专一职业”的生活方式，而选择拥有多重职业和身份的人群。记者 / 作家 / 策展人——每个身份之间用一道斜杠区分，“斜杠”便成了他们的代名词。斜杠族以年轻人为主，又称为“斜杠青年”。不过，随着工作流动性的增大和人们职业意识的改变，斜杠族不再拘泥于年轻人，很多中年人也加入“斜杠”的行列。

关霞大学毕业以后进入服装公司担任店铺陈列师，她大学主修的是服装与服饰设计专业。她的主要工作是店铺陈列和视觉管理。在工作期间，她发现很多顾客对服装搭配很感兴趣，但对相关的知识了解不多。而她从小学习美术，大学期间学习过相关课程，对色彩的运用和服装搭配有些了解。于是她在互联网平台注册账户，讲解服装搭配的心得，经过两年多的时间，积累了一批粉丝，每月能够获得一些收入。她现在的职业是陈列师 / 自媒体从业者。 关霞的斜杠职业是从主业延伸出来的，与个人兴趣相关。在坚持斜杠职业的过程中并没有放弃主业，而主业和斜杠职业之间有某种相关性，两个职业之间能够互相成就。这是斜杠职业的模式之一。

关霞成为斜杠族是因为要满足自己的兴趣，挣钱则是顺便为之。韩亮则早早为自己作好了规划。韩亮是职业乒乓球运动员，退役后进入师范大学学习，毕业之后在一家英语培训机构担任老师。竞技类运动员的职业生涯一般持续性不强，韩亮在运动员期间就意识到这个问题，一直为退役后的职业生涯作准备。他打算退役后继续留在体育行业工作，但并不想以此为主业。他坚持学习英语，进入师范大学后考取了专业八级的英语证书和教师资格证，为他顺利进入教育行业打下基础。教师的工作稳定以后，他开始在一家运动中心做乒乓球教练。韩亮计划在英语培训领域深耕，并有自己创业的计划，担任乒乓球教练一方面是发挥自己的长处，另一方面是为创业积累资金。

成为斜杠族的原因有很多，许多人将个人兴趣和业余爱好转变为斜杠职业，并从中获得满足感；有些人成为斜杠族是为了赚取更多的收入。不论是用来维持温饱，还是用来满足兴趣，总之人们在选择斜杠职业的过程中，个人层面的原因变得越来越具体，越来越重要。

玛希·埃尔博尔在《成就斜杠人生》序言中归纳出 5 种斜杠职业的模式。

赚钱养家的工作 / 兴趣爱好（比如，财务分析师 / 雕刻家、企业家 / 活动家）

左脑 / 右脑（比如，工程师 / 博物馆馆长）

精神 / 肉体（比如，教授 / 按摩治疗师）

写作 / 教学 / 演讲 / 咨询（这 4 种斜杠职业可以搭配其他任何职业）

多重头衔，一份工作（大多数小企业主都属于这一类型，但现在，员工也开始担任多重角色）

实际上，并不是所有职业都适合成为斜杠职业。在职业竞争越来越激烈，社会分工越来越细化的今天，人们至少在一个方面能够具有核心竞争力，而不是多方面浅尝辄止。也就是说，可以同时拥有不同的斜杠身份，但背后依托的是同一种核心竞争力。

斜杠族的产生是社会和科技发展带来的结果，互联网使远距离协同办公成为可能，让工作从固定的地域中脱离出来。更多的工作也从线下搬到了线上完成，一个人同时在一个地域已经可以完成过去无法完成的多种工作。

同时人均寿命延长，劳动者用于工作的年限增多，工作稳定性下降，流动性增强，失业的风险加大，社会对斜杠族的包容度越来越高等，导致斜杠族增多。

成为斜杠族，拥有多重职业身份，是人们应对职业流动、失业风险和经济压力作出的选择，也是为实现更有意义的人生采取的行动。

FIRE 人士，
自由选择的追求者

Peter Adeney 是美国一名普通的工程师，薪资收入略高于人均水平。他和妻子通过储蓄——每月储蓄比例在家庭收入的 75% 左右，于 30 岁宣布实现财务自由，开始退休生活。他把自己的经历分享在网上，吸引了众多网友围观和效仿。

“财务自由，提早退休”很快形成一股潮流，国内很多人也加入了 FIRE 运动，成为 FIRE 人士。“FIRE”即 Financial Independent and Retire Early，意思是“财务自由和早早退休”。

FIRE 人士并非富豪阶层或者高收入者，而是一些普通的白领人群，收入一般略高于平均工资。他们平日主动降低生活水平，通过“厉行节约、激进储蓄”的方式存够一定的资金，一般在 5—10 年内实现财务自由，选择提前退休。美国一位教授曾提出过 4% 退休法则——只要在退休第一年从退休金本金中提取不超过 4.2%，之后每年根据通货膨胀率微调，即使到

过世，退休金都花不完。FIRE 追随者的理论基础就源于此法则。退休储蓄在不计通货膨胀的情况下，资产的年回报率达到 7%，只要退休后年开销控制在 7% 之内，就可以每年仍有盈余，考虑到通货膨胀会抵销 3% 左右，因而 4% 成为理想的数据，也称为“安全储蓄提起率”。FIRE 运动一直存在争议，因为未来无法预测，4% 的复利可能无法抵御通货膨胀的风险。但我们感兴趣的是通过生活方式的改变带来的职业态度的变化。有些 FIRE 人士虽提前退休，但并未完全退出职场，也就是说他们的职业生涯还在延续，只是换了一种方式而已。他们不再仅仅为钱而工作，而是选择自己感兴趣的工作。Peter Adeney 退休后，做木工、写博客，他说：我还在工作，只是不再拥有赖以谋生的职业。

FIRE 人士通过这种方式争取自由——何时工作，做什么工作，都由自己说了算！目前更多的人通过职业自由的方式来掌控自己的生活，改变自己的人生。

延伸阅读:《成就斜杠人生》

在当前经济形势下,有多少人从事多种职业,并没有准确的数字统计。他们可能是迫于生计,不得不从事多种职业,或者是出于兴趣,在稳定工作前提下开发第二职业,或者通过多种职业让人生变得更加有意义。

《成就斜杠人生》通过一个个鲜活的事例告诉大家,如何才能拥有斜杠职业,让个人生活变得多姿多彩。作者也指出并不是所有职业都适合成为斜杠职业,书中列举有潜质成为斜杠职业的几个领域以及常见的5类斜杠组合方式,特别指出避免添加更多斜杠的建议。"斜杠人生不等于'A工作/B工作/C工作'的人生,恰恰相反,这更可能是一种"生活/兴趣/工作"的斜杠人生。"

人们可以采取不同的职业道路来平衡自己的生活。诚如作者所言:对于职业,我有很多选择,你也是。

第三篇

无边界职业生涯的职业管理

实际上，多数人并不是从一开始就清楚自己要做什么，甚至青年时期也为此困惑——我到底喜欢什么？什么是我可以付出终生的工作？不少成功人士也是在不同的领域实践、摸索，最终确定自己的职业方向。通过了解自己的职业偏好，发现自己的优势，在职业选择上更加理智，同时会降低职业风险，避免迈入高风险、低回报的模式中去。

我们为什么要工作

我们为什么要工作？工作的意义是什么？不同的人会给出不同的答案。答案的背后折射出职业观的差异。

厘清两个概念，职业观和职业。职业观是人们对于职业问题的本质看法，不同的职业观影响着对职业的选择和相关的职业活动。职业是个人所从事的服务于社会并作为主要生活来源的工作。职业对于人的作用主要有三点：维持生存，展示才能，服务社会。

对于职业，对于工作，你抱着何种态度？著名记者法拉奇在《给一个未出生孩子的信》里写道："为了钱，你就必须工作。为了工作你就必须屈服。他们会告诉你许多关于工作的故事，比如工作之必要、工作之快乐、工作之尊严等。但是你永远也不要相信。因为这些正是被人别有用心地炮制出来为那些统治这个世界的人服务的又一个谎言。工作是敲诈，是勒索，甚至在你喜欢它的时候，也是如此。因为你总是在为某人工作，但就是没有为你自己。你总是在努力工作，但从来就没有什么快乐可言。事实上，哪怕是一瞬间，也不存在你会喜欢工作的时刻。”

法拉奇的观点只是一己之见，但也代表了一部分人的看法。稻盛和夫曾说：有些人把工作看成不得不干的“必要之恶”。不愿工作，但为了吃饭又不得不干。认为工作是“苦役”，是人生必须经受的磨难。“工作就是为了不工作”，成为他们的口号。我们从小接受的教育是热爱工作，勤奋工作。大多数人终其一生都在工作中度过。

工作是最该认真对待的一件事

工作首先是为“稻粱谋”，为了生存，为了养活自己和家人。“为了钱工作”并不是什么可耻的事情。工作是取得合法收入的重要手段，对大多数人来说是唯一的手段。

但是，如果工作仅仅是为了生存，那无异于一场“人生苦旅”，每天挣扎在职场中，把希望寄予遥不可及的未来——退休，反而消极面对近 30—40 年的工作期。而这 30—40 年本应是人生中最精彩、最具创造力的时期。工作是生存的手段，但不是目的，否则工作将变得没有意义。

有人说工作是为了实现个人理想，这个说法未免空泛。能否实现个人理想，要看自己从事的工作和个人理想是否一致，如果一致是最幸福的，但对大多数人而言，未必这样幸运。很多人终其一生都在从事着自己并不感兴趣的工作，更谈不上是可以实现个人理想的工作。

工作的目的到底是什么？为什么很多人热爱工作？我们看

到有些衣食无忧的人依然工作，甚至拼命工作，那他们又是为了什么？试着从另外一个角度想，人假如不工作会怎样？一个人含着“金汤匙”出生，生来就衣食无忧，物质充裕，一辈子不工作也不会被饿死，那他靠什么打发时间呢？据网上报道，北京一位“拆二代”坐拥五六套房产，光靠收租就可以过上富裕安逸的生活，可他并没有停止工作，依然做着他的老本行——开出租车。他说每天无所事事太无聊了，开着车，握着方向盘，是他心里最踏实的一刻。

我可以很骄傲地说，我没有失业过。因为我不认为工作就是没有任何乐趣的苦差事，比较幸运的是，我能够从我的工作中得到很多的快乐。

在我看来，工作不仅是维持生活的手段，还是所有生意和事业的基础。工作也是所有繁荣的源泉，是天才的塑造者。工作会使年轻人抛开家庭的因素，努力奋斗，做很多的事情。

工作价值会以自己存储在银行的钞票直接体现出来，并且帮助年轻人创造美好的幸福生活。工作还可以为生命增添很多乐趣。你必须热爱自己的工作，工作才能带给你更大的恩惠和回报。

如果不工作，漫长的岁月该如何度过？如果不工作，就一定幸福吗？马斯洛将人的需求分为生理需求、安全需求、社会需求、尊重需求和自我实现需求 5 类，依次由较低层次到较高层次。高层次的3个需求，社会需求、尊重需求和自我实现需求都可以通过工作完成。

日本学者姜尚中认为，只有工作，人才会成为社会中的一员。社会基本上是由互不相识的人组成的大群体，因此想在这个大群体中生存下去，就必须从其他人那里得到某种形式的认可。工作无疑是一个重要途径。只有通过工作，才能增加社会经验。人们称工作的人为“社会成员”，就是这个意思。

我们所学的知识，掌握的技能，只有通过工作才能展示出来。通过这些展示，带来成就感，赢得社会尊重。无论是拥有高超医术的医生，还是能做出一碗好面的厨师，都会赢得人们的尊重。而这种尊重带来精神上的满足，甚至超过物质上的回报。

工作给我们带来归属感，好比人生可以“落脚”的地方。通过工作可以与社会产生某种联系，为社会或人类提供服务，给自己带来成就感和满足感。工作可以使人生变得丰富和厚重起来。

稻盛和夫说：工作是人生的修炼。工作是最该认真对待的一件事。当我们对工作有了更深入的认识，在选择职业和对待工作时，就会清醒理智很多。

对自己的能力边界有清晰的认知是降低试错成本的第一步

印度大师克里希那穆提说过：清楚地认识到我们想做什么是世上最困难的事情之一。不但在青少年时代如此，在我们一生中，这个问题都存在着。有些人终其一生也没有弄清楚自己到底想做什么，只是顺其自然地接受命运的安排。

那些在人生早期阶段已经有很明确目标的人无疑是幸运的。漫画家蔡志忠 4 岁即明确自己的一生目标——画漫画。只要不饿死，就画下去。他 15 岁成为职业漫画家，如今已经 70 多岁的他依然在创作，而且保持着高产。他的作品《老子说》《庄子说》《列子说》等风靡全球。

实际上，多数人并不是从一开始就清楚自己要做什么，甚至青年时期也为此困惑——我到底喜欢什么？什么是我可以付出终生的工作？不少成功人士也是在不同的领域实践、摸索，最终确定自己的职业方向。

日本作家村上春树的职业选择之旅颇为奇特。他不喜欢朝九晚五，每天挤地铁上下班的刻板生活，于是在大学期间就开始经营一家爵士酒吧。起初酒吧经营颇为艰难，甚至入不敷出，经济上十分拮据。全身心地经营几年之后，酒吧状况开始好转，但此时村上春树却萌生了成为小说家的念头。一天他正在球场观看棒球比赛，头脑里突然出现一个念头：没准儿我也能写小说。当天他就到文具店买来纸笔，酒吧打烊以后就在厨房的饭桌前写小说。他形容当时的情形就像“天启”一般，以此为界，人生陡然巨变。第一部小说得奖之后，他关掉酒吧，专注写作，成为世界著名的小说家。从酒吧经营者到小说家是非常大的职业转换。两种职业好像没有什么关联，但如果仔细分析，还是有迹可循。村上春树曾在书中表述，自己没什么经营才能，又生性不善应酬，所以不适合服务业。显然，他对自己的性格和职业进行了比较理智的分析。酒吧老板并不是他心之所属，只因为任劳任怨的性格，才勉强支撑起小店的经营。在酒吧播放喜爱的爵士乐，让这份工作增添了一些乐趣，但他在这个工作中并没有找到归属感。至于为什么选择成为小说家，除他说的“天启”一样的因素外，跟他从小到大的阅读习惯有关，也许文学的种子早已经种下，只待合适的机会破土萌芽。

音乐人罗大佑出生于医生世家，大学就读于医学院，毕业之后进入医院工作是一条顺其自然的道路，也符合家人的希望。但对音乐的热爱让他做出不同的选择。医生这一职业固然很好，救死扶伤，受人尊敬，收入稳定。但医生并不能让他产生归属感，只有在音乐中他才能成为自己，才能把自己的能力发挥得淋漓尽致。这也正是他选择做音乐人的原因。

很多人一生都在进行职业探索，希望找到自己理想的职业。但是，在进行职业方向探索时往往需要付出成本，也就是通常所说的试错成本。试错成本最直观的是时间成本。为了降低试错成本，在探寻理想工作时，要对自己的能力边界有清晰的认知；还要设定目标，根据目标制订可行的计划并进行风险评估。没有清晰目标的探索是浪费时间。凡是在职业上成功的人士，都是有着清晰目标，然后朝着目标一步一步努力的人。明确职业归属感，认定这个工作是值得一辈子努力的事情，就会全力以赴，达到自己职业的顶峰，创造出属于自己的独一无二的价值。

每个人都面临着失业的风险

任何职业都存在风险，有些人意识不到职业风险，还有些人对职业风险采取回避的态度，当风险降临时才惊慌失措起来。

先来谈谈创业者的风险。相比于上班族，创业的风险更大。官方数据显示，中国创业的成功率不到3%。由此可见，绝大多数创业公司都会失败。所以创业绝对是个高风险的事情。

王铮大学攻读的是法律专业。大学毕业后他没有像其他同学一样找工作，而是投入创业大潮中。他用父母资助的20万元注册了一家文化公司。从注册公司、选定办公场所到四处“拉业务”，王铮忙得不亦乐乎。3年后，王铮参加大学同学聚会，看到昔日的同学有的在律师事务所当律师，有的在企业做法务，唯独自己丢掉专业转行从商，虽然每天忙忙碌碌很充实，但还是不免心中唏嘘。他想着：这3年自己到底做了什么？每天忙碌也只是维持公司运转而已。如果没有选择创业，可能是另外一种境况吧。

创业的风险首先是资金风险。大部分创业者会自己投入部分或全部资金用以维持公司运转，并且要保证流动资金的宽裕，以免由于资金周转困难导致创业失败。其次还有来自市场的风险。市场千变万化，从事任何经济活动都会面临盈利或亏损，市场的不确定性会增加创业的风险。最后需要考虑的是创业需要付出巨大的时间成本和机会成本。一旦选择创业，则意味着放弃其他选择，也意味着损失了其他机会的可能。

高风险带来高收益，创业成功会收获巨大的成就感和丰厚的物质财富，这也是人们以极大的热情投入创业大潮的动力之一。当然有些人想通过创业实现职业理想。但如果没有意识到创业的风险，盲目创业，失败的概率会加大。

自由职业者一般受教育程度较高，拥有一定的专业能力。他们重视个人的自由与个性，追求工作的创造性和成就感。他们不用朝九晚五，不必“996”，时间自由，工作地点自由，但在这些自由的背后却暗含巨大的风险。

自由职业者最大的风险是收入不稳定。调查显示，20%的自由职业者认为物质压力很大，收入不固定，可能月入过万，也可能月入几百元，甚至连续几个月收入为零。收入的不确定使自由职业者时刻存在不安全感。表面看似轻松，实则压力很大，面对残酷的市场竞争，承受的压力比上班族要大得多。自由职业工作时间不固定，忙闲不均，这种不确定的工作状态，让自由职业者普遍感觉压力很大。

自由职业者无法享受到社会与组织提供的保障和福利，不得不为自己的未来未雨绸缪。如果立志成为自由职业者，在择业之前就必须认真考虑职业规划和经济规划，把上述风险纳入规划范畴。

朝九晚五的上班族就没有风险了吗？对于上班族而言，最大的风险是失业的风险。近期各大企业裁员的消息不绝于耳，有些企业则打着优化的名号变相裁员。失业的风险是每一位在职人士都要面对的风险，不管何种职业，从事什么样的工作，失业的风险都难以避免。有些人失业是随着时间流逝慢慢来临，渐渐感受行业的萎缩，从业人员的减少，一年甚至数年，自己好比“温水煮青蛙”中的青蛙一样，一点点地耗尽了力气，只能等待命运的安排。还有一些人猝不及防地失去了工作，一夜之间命运发生了改变。

陈昊是一位地产销售精英，在全国十强的地产公司工作了十几年，他经历了房地产的鼎盛时期，年收入超百万元。但随着国家政策的收紧，人们投资热情下降，房子的销售难度比以前大了很多。一些地产投资人士也比以前谨慎了许多，投资团队纷纷被裁撤。陈昊已经感觉到情况不妙，但一直存着侥幸心理：自己在行业内摸爬滚打十几年，有丰富的团队管理和销售经验，即使裁员也落不到自己头上。当他接到团队解散的消息时，很是吃惊，没想到自己也迈入失业大军。

还有些人是自愿失业，“裸辞”的人数越来越多。抱着

“下一份工作会更好”的念头冲动离职，进入劳动力市场才发现满目疮痍，感叹老天不公，怎么“好工作”都是别人的。

2021 年政府工作报告指出，城镇调查失业率在 6% 左右。这个数字似乎不是很高，但不容忽视的是隐性失业人员。从目前的就业市场状况看，能够满足求职者期望的工作越来越少。失业带来的心理压力和经济压力往往是巨大的，有人形容自己失业的状态：整个人像是被连根拔起，以往能够依傍的关系被彻底剪断，被抛弃的感觉非常不好受。在这个不确定的时代，每个人都面临着失业的风险，要从心理上做好准备。

认识到职业风险，有勇气承担风险，采取必要的措施规避风险才是明智之举。

了解职业偏好是发现自我的过程

在无边界职业生涯时代，个体成为职业生涯的主人。职业生涯的早期、中期和晚期的界限不再泾渭分明，人们更关注自己的职业成长、职业幸福感和个人价值的实现。了解自己的职业偏好，进行诚实的自我评估对职业发展至关重要。

美国学者埃德加 · H. 施恩经过多年的研究，将职业类型分为 8 种，称之为“职业锚”。所谓职业锚就是指当一个人不得不做出选择的时候，无论如何都不会放弃的、关于职业中至关重要的东西或价值观。这 8 种职业锚分别是：技术 / 职能型职业锚、综合 / 管理型职业锚、自主 / 独立型职业锚、安全 / 稳定型职业锚、创业创新型职业锚、服务 / 奉献型职业锚、纯粹挑战型职业锚和生活方式型职业锚。这 8 种职业锚代表着不同的职业偏好。比如，安全 / 稳定型的人偏向可预测的、可持续的工作，工作的挑战和丰富程度对他们来说并不太重要，他们喜欢基于资历的晋升系统，喜欢薪酬随着工作年限的增长而稳定增长。而创业创新型的人把创造新的事业看作职业的核心，对他们来讲，实现自我更为重要，赚钱成为衡量成功与否的一个重要指标。他们梦想着创建自己的企业，不喜欢受他人控制，不断地挑战自己，同时他们的工作是多变的、不稳定的。

了解职业偏好是一个发现自我的过程，这个过程需要时间。一般在职业发展早期，人们对自己，包括对职业所知甚少，对自己的能力和才华没有清晰的认识。职业生涯早期的主要任务是学习，掌握关于职业的知识，提升专业能力。随着时间的累积，对自己的职业价值观和能力的认识更加清晰，特别是在面对重大职业选择的时候，职业锚会凸显出来。每当这个时候，人们会思考什么是最重要的，不过需要强调的是，职业锚并不是静止的，而是动态的，在不断的探索中会发生变化。

了解自己的职业偏好，发现自己的优势，在职业选择上更加理智，同时会降低职业风险，避免迈入高风险、低回报的模式中去。

自我评估为更加理性和自主的职业决策提供依据

一个人对自己的天资、能力、兴趣和价值观有了深刻的了解和反思之后，就会清楚哪些对自己而言是最重要的，哪些是可以舍弃的。

首先是对职业能力的评估。通过对能力的评估，了解自己的知识和技能水平，对自己在劳动力市场上的定位和价值会有更清晰的认识。

其次是对职业发展阶段的评估，评估职业发展阶段是处在职业发展的早期、中期还是晚期。在不同的职业阶段中，每个人对职业的诉求不同，采取的行动不同，得到的结果不同。对职业发展阶段进行评估，有利于我们做出恰当的职业行为。与传统职业生涯不同的是，在无边界职业生涯中，职业发展阶段并不单纯以年龄划分。

最后是对所处行业的评估和对所处城市的评估。对所处行业进行评估，是头部企业还是发展中的企业；对所处城市进行评估，是一线城市还是三线城市，或者是县级城市。我国各个城市发展不均衡，所处城市会对职业生涯会产生很大的影响。通过分析外部环境特点，了解发展变化情况，可以把握环境的优势或限制。

自我评估有助于进行清晰的职业定位，使自己的职业目标与能力、环境等相匹配；自我评估可以为职业决策提供帮助。职业决策能力是一项重要的职业能力。决策正确与否往往影响着职业生涯的发展，特别在职业发展转折关头，如重新择业、职业转换等。并不是每个人都对职业价值观、职业预期和目标有清晰的认知。现实中，经常会出现价值观念不清晰、不确定的情况。通过客观、诚实的自我评估，厘清、明确个人的职业倾向和偏好，为做出正确的职业决策提供帮助。

关注职业长期发展

1960 年，美国斯坦福大学的心理学教授瓦特·米歇尔把一些 4 岁左右的孩子带进一所房间，对他们进行一项关于延迟满足的实验。实验者给孩子一颗软糖，并告诉他们，如果马上吃掉，只能吃一颗软糖；如果 20 分钟以后吃，再奖励一颗软糖，也就是可以吃两颗软糖。实验发现，有些孩子急不可耐地将面前的软糖吃掉（最终只吃到一颗软糖），而另一些孩子则耐心等待，他们通过闭上眼睛不看软糖，趴在桌子上假装睡觉或自言自语、唱歌等行为来转移注意力，结果这些孩子最终获得两颗软糖。实验以后，研究者对参与实验的孩子进行了长达 14 年的追踪，一直到他们高中毕业。

跟踪结果显示：那些能够等待、更有耐心并吃到两颗软糖的孩子，在青少年时期，他们耐心等待机遇，不急于求成，具有更强的自控力，能够为了远大目标而暂时牺牲眼前利益；而那些急不可耐吃掉软糖的孩子，在青少年时期，往往在欲望面前不能够控制自己，更关注短期结果和利益。这说明，那些延迟满足能力强的人，一般具有更强的自控力，他们能够抵御眼前的诱惑，从而获得更大、更长远的满足。

我们每个人面临选择时，大脑会做出“价值判断”，通过对行动的预期思考，去分析这件事的收益和成本，通过对比，选择那些净收益最高的行为。成本和收益都存在短期和长期两种，短期行为能给人即时回馈，人们更趋向于把资源分配给能够提供即时回馈的短期行为上，而忽略了那些更为重要的长期目标。而那些在事业上取得成就的人，往往为了长期目标而努力，不在意眼前的得失。比如在生活中，面对好吃但脂肪过高的食物，他们表现得更加节制，出于健康的考虑，往往少吃或不吃。对待职业也是如此，他们往往给自己设定一个更加长远的目标，对一时的得失不放在心上。现在的努力是为了未来得到回报。

雨果奖得主郝景芳在接受采访时曾说：我在月薪 4000 元时也不曾焦虑过。因为在她心里始终装着更大的目标。郝景芳从中学开始写作。大学毕业以后，她一方面要投入紧张的工作中，另一方面坚持写作。刚刚毕业，拿着 4000 元出头的月薪，在竞争激烈的北京，可能有人会放弃短期无法带来收益的写作，转而投向更具经济前景的事情，但郝景芳没有放弃，她利用一切业余时间写作。2016 年她的作品《北京折叠》获得雨果奖，她一下子受到人们的关注。但那些羡慕她成功的人并不知道，她坚持写作已经 10 年。

“未来时间洞察力”会影响你做计划的时间长短。具有较高“未来时间洞察力”的人能够使自己做的每一件事情都服务于长期的目标，比如 10 年、15 年甚至 20 年，而有些人只关注短期的回馈，即常常说的“活在当下”。

人们的职业生涯一般在 30—40 年，在为职业进行规划时尽量做长期的规划，并在实现这个规划的过程中，根据客观情况的变化不断地修正、调整。我们常说的“立大志”，讲的是长期目标，有远见、懂规划。长期目标比较遥远，但回报很大。长期目标和“活在当下”并不矛盾，长期目标不是一朝一夕实现的，都要经过数年、日积月累的努力才能达成的。不妨把长期目标进行分解，确定若干个小目标，甚至微型目标——一日内需要完成的目标，把每天的事情做好，把眼前的每一件工作完成好。实际的、切实可行的目标能增加动力，每一个小目标的实现都会带来成就感，同时激励自己，挑战下一个目标。重要的是在实现目标的过程中，要抵制诱惑，控制欲望，约束自己的行为。我们要成为长期主义者，将长期目标和短期目标相结合，如果把职业生涯比作长跑，最终目标的实现就是在实现一个又一个的小目标的基础上，一路向前。

职业之外

在古代，生活和工作是连在一起的。日出而作，日落而息。工作时间和闲暇时间并没有像今天这样泾渭分明。当生产力水平提高，社会经济发展到一定阶段时，人们没有必要把全部时间投入工作，在维持生存的必要工作时间以外，还有可自由支配的时间，即人们从事直接生产活动以外的时间，也就是闲暇时间。

如何使用闲暇时间？人们常讲“不会休息就不会工作”，单纯地认为休息是为工作做准备，把闲暇时间当作工作的一部分，在工作至上的理念下，这种观点颇为盛行。实际上，工作以外的时间并不单纯是为了恢复因职业劳动而消耗的体力和脑力，它应该有更丰富的内涵。

关于使用闲暇时间，胡适当年给即将走出校门的毕业生提出建议，其中一个就是“总得多发展一点非职业的兴趣”。胡适说：离开学校之后，大家总是寻个吃饭的职业。可是你寻得的职业未必就是你所学的，未必是你所心喜的，或者是你所学的而和你性情不相近的。在这种情况之下，工作往往成了苦工，就感觉不到兴趣了。为糊口而做那种非“性之所近而力之所能勉”的工作，就很难保持求知的兴趣和生活的理想主义。最好的救济方法只有多多发展职业以外的正当兴趣与活动。一个人应该有他的职业，也应该有他非职业的玩意儿，可以叫作业余活动。往往他的业余活动比他的职业还要重要，因为一个人的前程往往全靠他怎样用他的闲暇时间，他用他的闲暇来打麻将，他就成个赌徒；用闲暇研究历史，也许就成个史学家，你的闲暇往往定你终身。有了这种心爱的玩意儿，你就做 6 个钟头抹桌子工作也不会感觉烦闷了，因为你知道，抹了 6 个钟头的桌子之后，你可以回家做你的化学研究，或画完你的大幅山水，或写你的小说戏曲，或继续你的历史考据，或做你的社会改革事业。你有了这种称心如意的活动，生活就不枯寂了，精神也就不会烦闷了。

有些人在闲暇时间从事某个领域的研究完全是出于兴趣，而不是为了获得名声和利益，做平时想做而做不了的事，发展在职业中发展不了的能力，尝试更多的可能性，且乐在其中。

肖岩毕业于师范学院，现任某中学历史老师。白天讲课，晚上和周末则潜心于历史研究，他经常匿名在“历史爱好者论坛”发表自己的研究成果，和同好者研究讨论，目前正在创作一部清代历史人物的小说。他把大部分的闲暇时间沉浸在历史研究和写作里，获得职业之外的愉悦。

古往今来也有很多利用闲暇时间成就事业的例子。作家刘慈欣在电厂从事计算机工程师的工作，平日利用业余时间写作，凭借科幻小说《三体》荣获第 73 届雨果奖最佳长篇故事奖。

不是每个人都能找到符合自己性情的工作，不是每一份工作都能尽情发挥自己的才能。有些人干一行恨一行，把工作当成负担，很大程度上是工作与兴趣或价值观不相容，无法通过工作尽情发挥才能。这部分缺憾可以通过发展非职业兴趣来弥补。在工作之外，我们可以利用闲暇时间，培养一些兴趣爱好，使我们的精神有所寄托，使我们的才能有所施展，使每一个人都可以得到全面发展。

延伸阅读：《职业锚》

对能力、动机和价值观的自我认知就是你的“职业锚”，它代表你的真实自我。美国埃德加·H. 施恩教授提出的职业锚理论包括8种类型，这8种职业锚代表着不同的职业偏好。

《职业锚》一书分为“自我评估”和“练习手册”两部分。“自我评估”部分通过分析和测试，帮你确定职业锚类型；“练习手册”部分则通过角色地图绘制来分析你的职业锚与工作的匹配程度；通过生活优先级网格评估工作和家庭/生活的优先级排序，来思考工作和家庭的平衡问题。

职业锚理论又称为职业定位理论，个人在进行职业规划和定位时，可以运用职业锚理论确定发展方向。对于企业来讲，职业锚已经成为人力资源管理的重要工具之一。

在内在职业与职业锚一节中，作者写道：越来越多的人从事无边界职业或多变性职业，需要在许多雇主间变动。现在的大部分人都希望有一系列的组织职业，而不是一辈子只在一个单位做一份工作。“跳槽”正日益成为一种常态。这些趋势从20世纪80年代开始加快，意味着职业不稳定和不确定性比以往更大。

第四篇

塑造个人品牌

这是个体崛起的时代。通过建立个人品牌被大家认知，能够得到多数人的理解和认同，有助于推动事业的成功。从本质上来说，个人品牌的价值是由个人品牌的“内在质量”决定的，而认真地工作、敬业的态度是塑造个人品牌的必要因素。

敬业是建立个人品牌的根本

在竞争越来越激烈的今天，个体价值的凸显非常重要，否则可能会被眼花缭乱的信息所淹没。个人品牌是一种无形资产，是个人商业价值的综合体现。建立个人品牌使能力被大家看到，得到多数人的理解和认同，让更多的人发现你的专长，继而影响同事、领导、潜在客户对你的看法，为职场增加更多可能性的筹码，有助于推动事业的成功。

这是一个彰显个性的时代，是塑造个人品牌最好的时代。

敬业就是指专心致力于工作，热爱从事的工作，对工作抱有认真的态度。对任何一件工作，都做到认真不敷衍，专心不旁骛，勤奋不懈怠。对自己所从事的职业充满自豪感。敬业是对职业的尊重，也是对自己的尊重。敬业是最基本的职业素养，是职业道德的核心。

敬业的职工总是竭尽全力做好自己的工作，他们具有把工作完成好的愿望和驱动力。他们踏实认真地完成本职工作，力争把工作做得尽善尽美。他们具有创新精神，以身作则，用他们敬业的工作态度鼓舞团队其他成员，给团队带来新思想，注入新活力。对企业来讲，敬业的员工可以提高企业的竞争力，是企业可持续发展的关键因素。

努力地工作意味着，不要把别人分配的工作当成一种任务，而应该将其看作一项天职，这样你才能尽情地享受与每一项工作交互，然后完成它的过程。如果长期努力地做一件事，你就会慢慢地爱上它，会主动想要做好，工作也渐渐变成了人生的必需品。

敬业可以提升个人品牌的知名度和美誉度。从本质上来说，个人品牌的价值是由个人品牌的“内在质量”决定的，而认真地工作、敬业的态度是塑造个人品牌的必要因素。

通过日常工作建立个人品牌

从入职的第一天起，你就已经开始塑造自己的品牌。你的言谈举止、处事方式、专业水平、学习能力、性格倾向等，领导和同事都会看在眼里，记在心中。他们会默默地给你打分，你在他们心目中会形成一个比较稳固的形象，这个比较稳固的形象就是个人品牌。入职之初可能会比较谨慎，采用另一种方式应对人和事，或刻意隐瞒自己的另一面。但时间是最好的试金石，伪装终究不会长久。你的真实情况领导和同事会做出相对固定的评估。

叶珊是某广告公司文案，主要工作是品牌客户的宣传，设计海报、各种活动文案等。入职之初，叶珊绞尽脑汁写出来的文案被领导驳回，她没有气馁，看到好的文案就反复琢磨，并参照这些文案去练习。她还利用晚上的时间参加网上的视频课程，学习文案写作知识，提高专业技能。她珍惜每一次设计文案的机会，慢慢磨炼自己，业务能力提升显著。她的勤奋好学以及对工作勤勤恳恳的态度赢得了同事的好评。

通过工作建立品牌，首先是踏踏实实地完成本职工作，不懈怠、不偷懒。个人品牌的建立是通过持续不断的工作来完成的。另外要专注于目前的工作，充分展示出自己的能力，使自己的技能和工作风格形成特色，具有不可替代的价值。精湛的专业技能是个人品牌建立的关键要素。如果在某一方面做到极致，一说起相关话题或相关项目，别人就会想到你，这就是你的个人品牌。工作技能是个人品牌的核心内容。个人能力不突出要想建立个人品牌是很难的，只有个人技术专而精，个人品牌才有价值，才能发展得更好。

建立个人品牌是一个长期的过程，即使已经形成了个人品牌，也需要经营品牌，不断学习新知识、补充新内容。

发现你的优势

每个人都有自己独一无二的特质，这些特质是与生俱来的，它们会成为你的优势。有些人的优势是语言表达，有些人的优势是逻辑分析，有些人的优势是动手操作，有些人则擅长写作。每个人的优势各不相同，因此造就了与众不同的个体。

何谓优势？用盖洛普的定义来说，就是做一件事的持续的、近乎完美的表现。盖洛普通过研究发现，成功者虽然路径各异，但有一个相通点，就是扬长避短。

如果你想在自己的领域出类拔萃，并获得持久的满足，就必须了解自身特有的优势。你必须精于发现、描述、应用、发挥和增强你的优势。停止关注你的弱点，转而细细探究你的优势。

如何找到自己的优势？可以尝试 SWOT 分析法。静下心来，拿出纸和笔，对自己进行深刻的分析。

优势：写下你擅长并且愿意去做的事情或者截至目前你最

成功、最引以为豪的事情。

劣势：写下你最不擅长的事情或者最不愿意去做的事情。

机遇：写下过去近 1 年令你难忘或者帮助你成长的事情。

挑战：写下哪些事情是你最想做，甚至拼命也想达成的。

通过对自己进行分析和盘点，找出自己的优势，进而在工作中增强你的优势，而不是弥补你的弱势。增强优势的关键是不断学习。

定位是建立品牌的关键

建立个人品牌首先需要清晰的定位。个人品牌的建立是结合自己的优势，进行自身定位的过程。定位的前提来自对自己的认知——了解自己的优势。这就要求我们真实地面对自己，接纳自己，包括过去的经历、未来的发展，更重要的是——到底要成为一个什么样的人。如果你是自由职业者，或者想自己创业，在互联网时代，打造个人品牌，建立影响力至关重要。

李子柒是网络时代个人品牌的成功案例。出身普通的她被大众广泛接受和喜爱。李子柒是个苦孩子，从小跟着奶奶一起生活，年少时经常挖草药到集市上去卖以换取学费，14 岁因为家庭贫困辍学打工，做过服务员，当过洗碗工。22 岁时，因为奶奶生病需要照料，她放弃漂泊的生活，回到了奶奶身边。回到家乡的她以经营淘宝店为生，但经营状况并不理想。拍视频是为了维系生计的偶然尝试。2016 年初她开始拍摄视频，摄像、出演、剪辑她全部一人完成。她的视频全部取材于平凡人的日常生活，以传统美食文化为主线，表现出普通人热爱生活的积极态度，引起广大网友的共鸣。两年多的时间里，她的视频累计播放量超过 30 亿，被誉为第一“网红”。随着粉丝的增多，她的商业价值凸显，但她并不急于求成，而是潜下心来，慢慢打磨产品，走出一条不一样的道路。

通过李子柒的成功可以发现，她的突出特点是差异化。社会竞争激烈，特别是被困在“格子间”的职业人，每天疲于奔命，压力巨大。很多人对安静悠然的田园生活无限向往，但大多数人虽向往之而不得，李子柒却把这种美好的生活变成现实并呈现给大家。她身穿传统的汉服，慢悠悠地饮茶、做美食，配上自然风光，仿佛春日田园画卷一般引人入胜。她的视频传递出一种自然的美。美是不分国界的，她用自己的方式将中国传统文化中的美具象地呈现出来，并传播出去，成为一张中国文化的名片。

李子柒的视频辨识度极高，在众多短视频中独树一帜，每个看过她短视频的人都会留下深刻印象。她把中国农村的古风古韵自然真实地表现出来，画面感极强，不流俗，不从众，使她脱颖而出。所以打造个人品牌首先需要找准定位，差异化的定位更容易被人们记住。

外在形象是构成个人品牌的要素之一

个人品牌由个人的价值观念、行为习惯、专业技能、性格特征和外在形象等构成。外在形象是构成个人品牌的要素之一。得体的着装和优雅的言谈举止可以向公众展现自己的积极形象，从而带来职业生涯上的回报。人们通常根据一个人的外表和行为来对这个人作出判断。通过树立个人形象，可以改变别人对自己的印象。

美国心理学家奥伯特 · 麦拉比安发现人的印象形成是这样分配的：55% 取决于你的外表，包括服装、个人面相、体形、发色等；38% 取决于你如何自我表现，包括你的语气、语调、手势、站姿、动作、坐姿等；只有 7% 才取决于你所讲的真正内容。

1. 得体的服饰

西方有句谚语："你就是你所穿的。"服饰能显示出一个人的职业、气质、爱好、文化修养等。有人说：服装会说话。穿着在职场确实发挥着举足轻重的作用。有经验表明，穿着整洁、规范的销售人员，比穿着不讲究的销售人员业绩更为突出。“品衣识人”，在职场，服饰代表着自己的职业身份。

不同行业的人士在着装方面有着很大的差异。职场中对服装的整体要求是整齐、干净、得体。参加商务场合时着装要特别引起注意，国际较为通用的是 TOP 原则。TOP 是三个英语单词的缩写。T（Time）指的是时间、年龄、季节和时代；O（Occasion）指的是目的、目标和对象；P（Place）指的是场所和职业。TOP 原则即指着装应兼顾时间、地点和场合。总之，服饰要与本人的年龄和职业气质相符合，要大方得体，自信而有风采。

2. 优雅的言谈举止

不管从事什么职业，都要与人沟通。沟通时，有 7% 的效果取决于说话的内容，38% 取决于声音（音量、音调等），而有 55% 取决于肢体语言（面部表情、身体姿势等）。所以，在解读他人心意时，重要的不是他说了什么，而是他怎么说。心理学家在研究人类交往活动中的信息表达时发现，表情起到了重要的作用，表情甚至比言语更能显示情绪的真实性。表情可以分为三类：面部表情、姿态表情和语调表情。

面部表情。人们在交往过程中，言语与表情经常是相互配合的。同是一句话，配以不同的表情，会使人产生完全不同的理解。也就是说，对方表达的内容是同样的，但是因为面部表情不同，所以带给人们的感受是不一样的。面部表情识别的研究还发现，最容易辨认的表情是快乐、痛苦，较难辨认的是恐惧、悲哀，最难辨认的是怀疑、怜悯。一般来说，情绪成分越复杂，表情越难辨认。

姿态表情。姿态分为身体表情和手势表情两种。姿态表情是由人的身体姿态、动作变化来表达情绪。如高兴时手舞足蹈，成功时趾高气扬，紧张时坐立不安等。手势可以和言语一起使用，也可单独使用。手势是后天习得的。

语调表情。语音语调表情是通过声调、节奏变化来表达情绪的。语音的高低、强弱、抑扬顿挫等都是表达情绪的手段。如高兴时声音明亮清脆，悲哀时声调低沉，惊恐时尖叫，气愤时语调升高等。

个人形象管理对塑造品牌非常重要。形象是一种信息传递，无论是穿衣打扮，还是行为举止，都可以传递出丰富的信息。

提升专注力

在互联网时代，信息如潮水般涌来，时间被碎片化。每个人的时间依然是 24 小时，但有限的时间，常常被无关紧要的小事占据——不自觉地打开朋友圈查看动态，刷微博，时间就这样不知不觉地流逝了。

“我总是不停地通过手机上网，查看动态，回复钉钉平台上面的事项，根本停不下来。即使在会议中，手机调整成静音状态，还是不自觉地打开手机查看信息。”李乾是一家互联网公司的创业者，他每天工作 10—12 小时，即使午餐时间还在回复信息。“我以前是程序员，可以有大块的时间专注于一件事情，直到得到满意的结果，但现在我的时间被切割成小块，再也没办法进行深度思考。每天做的事情不少，但效率不高。”李乾对他的现状并不满意。

在信息爆炸时代，人们很难专注地沉浸在一件事中，体验深度工作的快感。专注力成为现代人的稀缺品质。专注力对工作产出非常重要，高度专注力是产生高绩效的关键。

高质量工作产出 = 时间 × 专注度

工作时专注度达到最高，单位时间里的工作产出也将实现最大化。

如果你在做事情的时候不够专心，不能长时间专心停留在一件事上，说明你的专注力不够。专注力不是天生的，经过后天的培养可以提升。以下是几种提升专注力的方法。

1. 目标

做事之前给自己设定一个经过努力可以达成的目标。设置的目标不能大而空，要明确并且可执行。

2. 了解自己的黄金时间

每个人的黄金时间并不相同，有人是早上注意力最集中，有人是晚间效果最佳。掌握自己的黄金时间，可以将一天当中最重要的事情放在这个时间段来处理。

3. 创造环境，减少干扰

比如将工作间布置得干净清爽，整理周围的物品，手机调为静音，准备好常用的办公工具等。

4. 一次只做一件事

有研究表明，当你从某项任务转移到另一项任务时，你的注意力并没有即时转移，而是仍然在思考原任务。即使你在转移工作之前已经完成了原任务，你的注意力还是会有一段分散时间。为了避免注意力分散，一次只做一件事并做到最好。

5. 保证充足的睡眠

有些人喜欢熬夜，但对熬夜的危害却认识不足。有医学研究表明，熬夜会使人体的免疫力下降，进而对我们的身体健康造成影响。长期缺乏睡眠会导致专注力下降，无法全身心投入工作。我们要每天保证充足的睡眠，不要牺牲睡眠去工作。

6. 番茄工作法

弗朗西斯科·西里洛在读大学期间，总是不能专注读书，有一天，他对自己发狠说，我能学习一会儿吗？真正学上10分钟！于是他找到一枚形状像番茄的厨房定时器帮他计算时间，“番茄工作法”从此诞生了。“番茄工作法”就是弗朗西斯科·西里洛为克服自己精力不集中，缺乏专注力而发明的，该工作法对提升专注力有显著效果。“番茄工作法”是一套容易操作的时间管理方法，可以帮我们将注意力专注于当下。

最优体验

最优体验由《心流》一书作者米哈里·契克森米哈赖提出。他采访过数百位艺术家、企业家、运动员等各行各业有成就的人，从他们的讲述中米哈里发现他们都描述过一种共同的心理体验：沉迷于某件事情中而忘记疲劳、饥饿，灵感源源不断，对外界干扰浑然不觉，完全沉浸在自己的世界中。他称之为“心流”。“心流”是最优体验的一种状态，是一种内心的体验过程。“心流”状态能够给人带来高度兴奋感和满足感。

当人们精神高度集中在一件事情上，全身心沉浸其中，全神贯注，心无旁骛时，就可能出现“心流”状态。由于大脑神经活动的限制，人的认知资源是有限的。当人们精神高度集中时，注意力全部集中在一件事情上，屏蔽掉外界分散我们注意力的事情，所有的精力集中在一点，从而避免内心失序，认知效果得到优化。

最优体验出现时，一个人可以投入全部的注意力，以求实现目标；没有失序现象需要整顿，自我也没有受到威胁，因此不需要分心防卫。我们把它称为“心流体验”。

最优体验是由我们自己所缔造的。对一个孩子而言，也许是用发抖的小手，将最后一块积木安放到她从未堆过的那么高的塔尖上；对一位游泳健将而言，也许是刷新自己创造的纪录；对一位小提琴家而言，也许是把一段复杂的乐曲演奏得出神入化。

“心流”状态能极大提高工作的效率。特斯拉创始人埃隆·马斯克接受采访时说，自己每天晚上只睡 6 个小时左右，平均一周工作 85 个小时，而且 80% 的时间都花费在需要高度专注状态的工程和设计里面。记者好奇他是如何完成的，他回答:“心流”体验。

“心流”状态不仅在体育运动、文学创作中出现，在日常工作中也会出现。比如全身心投入工作的时刻——全神贯注操作机器的工人、沉浸在创作中的画家、演出中的舞者、苦思冥想的设计师等。

一位记者曾经这样分享她的“心流”体验。当时她采访结束，正准备写一篇采访稿。她坐在回程的大巴车上，同行人员说说笑笑，她则一直思索采访稿件，突然灵感来临，便拿出笔记本打字，完全沉浸进去，就这样洋洋洒洒写了起来。直到将采访稿完成，才回过神来留意到周围的环境，仿佛梦醒一般回到现实世界，嘈杂声才重新进入耳朵。

研究发现，如果在工作中能够有规律地进入“心流”状态，不仅可以提升效率，而且能够使内心得到巨大满足和深层愉悦，获得幸福感。

进入“心流”状态虽然没有捷径，但也有规律可循，一般有以下几个条件。

（1）“心流”体验只发生在人们高度专注的时刻，必须全神贯注地做一件事情。

（2）要具备一定的技能，有能力完成这件事情。

（3）事情具有一定的挑战性，但在可掌控的范围内。

（4）具有明确目标，能够及时反馈。

（5）做喜欢的事，带来更多愉悦感。

据调查，我们一天中有大约 20% 的时间可以达到“心流”状态，而那些取得不凡成就的人进入“心流”状态的时间则更多。很多“心流”经历，都是在不知不觉中发生的。只要明确目标，专心投入，相信大多数人都会得到最优体验。

时间是最特殊的一项资源

自我管理水平的高低往往决定一个人职业生涯的成就。自我管理中最重要的一项是时间管理能力。德鲁克曾说：时间是最特殊的一项资源，租不到、借不到也买不到，更不能以其他手段来获得。时间稍纵即逝，无法储存，昨天的时间过去了，就再也回不来了。时间也完全没有替代品。做任何事情都是在时间中进行的，都需要耗费时间。时间对每个人来讲都是平等的，而如何管理时间，使自己的时间价值最大化则因人而异。

习惯是由自己造就的，如果我们总是以某种固定的方式行事，便能养成习惯。有什么样的行为，就有什么样的习惯。习惯的力量是巨大的。好习惯受益终生，在生活和工作中，我们要培养珍惜时间的好习惯。

1. 做计划

养成做计划的习惯。明天的工作，今天下班前做好计划，避免第二天上班后手忙脚乱；开始新项目之前做好计划，可以保证项目有条不紊地推进。做计划的方式很多，简单可行的就是“工作清单法”。根据工作内容列出工作清单，然后根据轻重缓急分别进行排列，如“准备事项”“待办事项”“正在进行的事项”和“临时事项”等。完成一项工作就将其在清单中画掉，这样也可以直观地看到自己的工作进度，发现工作中的重点和难点，对工作的改进很有帮助。

2. 日事日毕

日事日毕要求今天的工作内容必须今天完成，避免问题堆积，确保总目标得以实现。坚持做到“日事日毕”是克服拖延的好办法。

3. 做重要的事

留出整块时间专心做重要的事。不要被信息的洪水淹没，不要把时间消耗在价值不大的事情上。试着关掉手机，全神贯注地做最重要的事。

4. 复盘

养成每日进行工作复盘的习惯。下班前对全天的工作复盘，如做了哪些工作，耗费了多少时间，运用了哪些技能等。思考哪些技能需要提高，工作效率能否再提升，同样的工作有什么可以改进的方法等。通过复盘总结经验教训，对失败的事情，要想清楚，搞明白，避免犯同样的错误。

情商的高低和工作绩效呈正相关

“情绪智力”的概念由心理学家约翰·梅耶和彼得·萨洛维首次提出，哈佛大学心理学教授丹尼尔·戈尔曼在此基础上对情商理论进行了系统研究。

约翰·梅戈尔曼认为情商就是情绪管理能力。具体包括以下 5 个方面：

（1）了解自身情绪的能力。

（2）妥善管理情绪的能力。

（3）自我激励的能力。

（4）识别他人情绪的能力。

（5）管理人际关系的能力。

职业情商，是上述几方面在工作中的具体表现，是指从事某种职业应具备的情绪表现，是重要的职业素质。职业情商的高低对职业生涯的发展起着至关重要的作用。

在传统职业生涯时代，企业更注重以长期的雇佣保障来换取职工的忠诚，而在无边界职业生涯时代，维系雇佣关系的关键因素是能否为雇主创造价值，也就是工作绩效的高低。影响工作绩效的因素很多，工作技能影响绩效，情绪的稳定性也是影响绩效的因素之一。

情绪管理越来越受到重视。有一项研究结果显示：护士情绪稳定时完成静脉穿刺的效果明显好于不稳定时。情绪稳定时穿刺的一次成功率为 91.7%，情绪不稳定时穿刺的一次成功率为 68.3%。因此，护士的情绪与护理质量有着密切的关系。

无论是对直接面对客户的销售人员、技术服务工程师还是为内部员工提供支持的财务人员、人力资源顾问，客户满意度都是组织评核绩效的重要指标。实现客户满意就要理解和满足客户需求。情绪智力高的员工可以感同身受地理解客户真正的需求，站在客户的角度考虑问题，为客户解决难题。当他们碰到来自客户的投诉、挑战和压力时，能控制自己的情绪，保持积极情绪面对困难，比起情绪智力低的员工，更容易赢得客户满意并保有客户的信任。

美国密歇根大学心理学家南迪·内森的一项研究发现，一般人的一生平均有十分之三的时间处于情绪不佳的状态，因此，人们常常需要与那些消极的情绪做斗争。情商和智商不同，情商可以通过学习得到改善。提高情商的第一步是要觉察到自己的情绪，就是意识到自身的情绪以及对情绪的想法，并根据客观环境主动调适自己的心理，判断情绪的影响并做出合适的行为反应。第二步要学会接纳自己的情绪，管理自己的情绪。在觉察自己的情绪以后，一般有两种处理方法：被动处理，任由情绪蔓延；主动处理，使自己的情绪受控。高情商的人会主动处理自己的情绪，不被情绪左右，不让负面情绪影响工作和生活。第三步是具备同理心。同理心即能够通过他人的语言、行为等因素，识别他人的情绪，了解他人感受的能力。能够站在他人的角度思考问题，对他人的处境感同身受，在感情上产生共鸣，从而赢得他人的信任。

接受职场压力并尝试驾驭它

在无边界职业生涯时代，人们的职业选择更加多元化，但随之而来的是职业压力的加大。职业压力的来源很多，诸如工作时间不确定、通勤时间过长、工作量不均衡、工作内容单一、工作环境沉闷以及知识更新太快、对自己期许过高等都会造成职业压力。职业压力过大会造成职业恐惧。据媒体调查，70% 左右的职场人士有职业恐惧的倾向，即将进入职场的人士在职业选择时也会出现恐惧心态。

受新冠肺炎疫情的影响，经济下行压力加大，收入不确定性增加。社会弥漫着焦虑的情绪，人们对未来不确定性的恐惧增加。

“我从来没有这么慌过，从来没有。”2019 年 10 月 1 日，小林的“一人食”火锅店试营业。试营业期间非常成功，顾客多是中高收入的年轻人。信心满满的小林计划在两年之内开第二家分店。两个月以后的新冠肺炎疫情打碎了他的梦。“一人食”火锅店被迫关店 5 个月，房租要交，员工的工资要付，小林每天看着厨房准备的各种食材和调料发愁。为了自救，他联系附近的几个社区，推出外卖服务，送货上门。“这是我第 3 次创业，本想孤注一掷，再拼一次，新冠肺炎疫情改变了一切。现在每天只想怎么活下去。实现梦想都不再奢望了。”新冠肺炎疫情对自雇佣创业者的打击是巨大的，不少人因此欠下债务。

创业不易，职场人士也不轻松。对于工作 10 年左右的职场中年人而言，上有老下有小，被房贷、车贷压得他们喘不过气，他们焦虑自己能否跟得上社会的改变，年龄、甚至容貌都成为压力的来源。初入职场的人士同样面临着压力问题，据调查，入职 1 年之内是压力指数最高的时期，这个时期最容易产生迷茫的情绪，有些人干脆逃避压力，变得“佛系”。

在职场，女性的压力不容忽视。王燕是一位单亲妈妈，独自抚养 8 岁的儿子，经济不宽裕。她在一家食品销售公司从事财务工作。“公司效益本来就不太稳定，新冠肺炎疫情期间，公司停顿。即使开始复工了，业绩也是大幅下滑。我听说业务部门已经开始裁员了。我很害怕公司垮掉或者被裁员。如果失业了，真不知该如何是好。我们这样的小县城，找个像样的工作本来就不易。每到夜深人静，我在床上辗转反侧，无法入眠，担心失业，恐惧未来，没有收入该怎么生活！对于儿子，不能给他好的生活，我常常感到愧疚。”王燕不无焦虑地说。

压力本身不是问题，处理压力的方式才是问题。大多数人在面对压力的时候都会感到焦虑，适度的焦虑是迎接挑战的前提条件，它意味着我们已调动自己进入竞技状态。应对压力不要选择逃避，也不要过度夸大。

戈尔曼·丹尼尔在《社交商》一书中对“压力与工作表现”进行了很好的阐述，有助于我们了解压力与工作的关系。他认为某项任务的困难程度是我们通过努力可以克服的，那么我们会充满动力，注意力也会高度集中，从而达到认知表现的高峰。越过这个认知表现的顶点之后，挑战的难度开始超出我们的能力范围，而这时如果任务的难度加大，挑战越来越严峻的话，这种挑战会腐蚀我们的理性思维能力。简单地说，压力会随着挑战的变化而变化，压力非常小的时候，人们会产生厌倦或者漠不关心的心态；挑战的升级会提高人们的兴趣、注意力和动力；这些因素达到顶点时，人们的认知能力和成就也都会达到高峰；如果升级的挑战超出我们能力可以控制的范围之后，人们会感觉到持续的压力；当压力达到最大值，我们的表现和学习能力就会崩溃。当工作中压力过大，超出承受能力，就会丧失工作热情。

压力具有两面性。适当的压力能够刺激人的身体和头脑，使你感到精力充沛，增强自信心。如果压力能够保持在一定的可控制的水平，它将激励你在较长的时间里做出高质量、高绩效的工作。接受压力并很好地驾驭压力能促使你发现自己的能力，从而提高你自我肯定的程度，你就会更自信，也更愿意冲击下一个更高的目标。经历了在压力下生活的一段时间以后，回想一下自己是如何处理压力的，给自己一些鼓励。以后若有压力来临时，回忆一下“压力变动力”带给你的成就感，有助于你接受压力并保持自信。

面对压力时，情商高的人常常从正向的角度进行思考，能客观地对待压力。承认外界因素的作用，主观上抱有“尽人事听天命”的豁达。情商高的人情绪更稳定，面对压力既不过于悲观，也不盲目自信，而是冷静地分析原因，寻找解决问题的方法。

面对职场压力，试着从以下几方面进行思考：

（1）了解自己的能力边界。

（2）尝试放松。用自己喜欢的方式纾解压力。

（3）学会放弃。有时放弃不是逃避，而是一种智慧。

人际关系紧张成为压力源之一

人际关系是指人们在共同活动中彼此为满足需要而建立起的相互间的心理关系。在职场中，人际关系处理得当，会感到轻松自在，有安全感。但实际上，长久保持融洽的人际关系很难达到。在对职场压力的调查中，人际关系紧张成为压力源之一，给很多职场人士造成困扰。

和谐的人际关系存在于人们之间。在交流中，如果我们感到愉悦、顺畅、全神贯注，我们就会感到和谐。但是和谐的作用不仅仅体现在这些短暂的愉悦瞬间。当人际关系和谐的时候，人们会更有创造性，而且能很快地做出决策。

和谐的人际关系使人感觉良好，产生和谐的力量。它使人们感受到彼此的热情、理解和真诚。这些相互间的友善的情感加强了彼此间的纽带，尽管有时可能很短暂。

美国心理学家丹尼尔·戈尔曼认为我们与他人的关系影响着我们的智力，并对我们生活的诸多方面产生着影响。人际关系的和谐与情绪管理有着密切的联系。

一般高情商的人具有主动、乐观的心智，在与他人沟通时更具有主动性，他们乐于助人，喜欢主动参与，具有开放和包容的态度，往往更能营造良好的人际关系。特别是在不断变化的职场环境中，需要不断地调整自己，承担新角色，适应变化的环境和工作要求。高情商的人善于利用情绪，清晰地感知其他人的情绪，理解他人的行事方式，从而做出准确判断，进而采取符合要求的适应性行为。所以，高情商的人更容易与他人产生和谐的人际关系。

如果得不到别人的理解和支持，想要取得事业的成功几乎是不可能的。如何建立和谐的人际关系是每位职场人士面临的问题，以下两方面值得关注。

1. 具有同理心

哈佛大学罗森塔尔的研究发现，营造和谐人际关系的重要因素之一是具有同理心，同理心也就是交际双方能够体会彼此的感受。

2. 要与别人情绪一致

心理学家证实，交际双方的举动越是一致，他们的关系越和谐。比如语速一致、身体动作相似、默契的眼神交流等都有助于人际交往的和谐。

工作重要，健康问题亦不可忽视

2021 年 1 月，中国社会科学院人口与劳动经济研究所发布《人口与劳动绿皮书：中国人口与劳动问题报告 No.21》(以下简称《人口与劳动绿皮书》)，该报告提出：目前广泛认可的健康人力资本概念源于世界卫生组织对健康的定义，即“健康不仅仅是没有疾病或不虚弱，还是身体、心理和社会适应的良好状态”。目前健康型人力资本面临人口结构和生活方式转变带来的挑战，过度的工作压力、快速的工作节奏导致患病率上升，疾病年轻化态势日趋显著。

据媒体报道，巨大的工作压力导致我国每年“过劳死”的人数高达 60 万，死亡概率在万分之四点六，“过劳死”尤其在 30—45 岁人群中高发。目前我国已经成为“过劳死”人数最多的国家之一。

新兴行业的兴起，拉大行业间收入差距，同时使竞争更加激烈。要使其收入增速追上社会平均财富积累的速度，就不得不增加自己的工作时间或是劳动强度，以保证自己不掉队，如此便容易陷入激烈的竞争和焦虑状态。

《人口与劳动绿皮书》指出：有规律的体育锻炼行为有利于各个年龄人口的身体健康。健康的生活方式并非完全是个人的自由选择，而会受到个人所处社会分层的基本结构和社会条件的影响。理论和实证分析都证明，工作后的疲惫是闲暇时间参加体育锻炼的一个障碍因素。

职场人士的“亚健康”不容忽视。“亚健康”也称“疲劳综合征”，是指人体界于健康与疾病之间的一种边缘状态，无器质性病变，但有功能性改变。它与脑疲劳有密切的关系。如果长时间的疲劳，不能通过休息得到缓解，将会伴有头痛、咽喉痛、肌肉关节痛、记忆力下降、注意力不集中、脾气暴躁等症状。亚健康有可能是某些疾病的早期表现，但未形成确切的器质性疾病，因此在相当长的时期内往往难以确诊。

据调查，生活中三分之二的职场人士处在亚健康状态，其中白领的亚健康状态表现得尤为突出。如果压力长时间积累，不能及时调整，大脑长时间处于超负荷状态，会使内分泌功能紊乱，交感神经系统兴奋过度，植物神经系统失调，导致脑疲劳，积劳成疾，从而造成身体“亚健康”。浑身无力，头晕眼涩，心悸气短，失眠健忘，上火便秘，没有食欲等都是亚健康的表现。因此我们要学会化解压力，培养健康的生活方式。

1. 养成规律的生活习惯

养成规律作息的习惯，进食、工作与休息时间相对稳定，保证充足的睡眠，长时间熬夜会造成免疫力下降。夜间睡眠是内脏修复的时间，如果长期熬夜，内脏就好比长期得不到保养的机器，对健康带来影响。睡眠可以使大脑和疲惫的身体得到休息，恢复精神和体力，工作起来更有效率。

2. 养成健康的饮食习惯

早餐要吃好。早餐是人一天最重要的一餐，不吃早餐，或者早餐的质和量不够，容易导致能量不足，降低上午的工作效率。只有早餐摄取了足够的能量，人才能在一整天保持一个较好的状态。早餐一定要吃饱吃好，以使身体保持在健康状态。

饮食的营养要均衡。食物选择尽量多样化，以谷类为主，多吃蔬菜、水果、薯类、豆类及其制品，饮酒限量，尽量远离“垃圾食品”，饮食与体力活动要平衡，保持适宜的体重。这样做有助于新陈代谢，有助于各生理机能的最佳发挥。

3. 锻炼身体，放松身心

运动可以缓解疲劳感。亚健康很大程度上是由于人体缺乏足够的锻炼导致的。平日工作繁忙，可以利用工作中的零碎时间进行锻炼，如慢跑、散步、做操、练瑜伽等。锻炼身体贵在坚持，选择适合自己的运动方式，持之以恒。平日也可以找一些怡情的放松方式，如听音乐、学书法、编织、画画、烹饪等。这些方式不仅可以放松身心，还能获得满足感。

保障职工身心健康，预防职业病，是企业应承担的社会责任。对于不隶属任何组织的灵活就业者、自雇佣者等，需要社会的关爱，政府在社会保障方面的完善，更为重要的是劳动者应该培养健康意识。工作重要，健康问题亦不可忽视。

延伸阅读：《情商》

情商就是情绪管理能力。1990 年梅耶和萨洛维的论文里第一次提出“情绪智力”的概念，1995 年心理学教授丹尼尔·戈尔曼在此基础上对情商理论进行了系统的研究，出版了《情商》一书，由此情商的概念被广泛传播和接受。

作者认为情绪潜能是一种元能力，它决定着个体包括纯粹智力在内的其他技能的发挥程度。情绪智力成形于童年时期，但可在成年时期得到培育和加强，说明情商和智商不同，情商是可以经过后天培养的。情商对于每一个人来说都至关重要，擅长处理情绪的人在生活中更有可能获得满足，在任何领域都具有优势。

有人总结说，一个人的成功遵循 20/80 法则，即 20% 取决于智商，80% 由其他因素决定，其中重要的是情商。

第五篇

多样化的风险

我们生活在巨大的不确定性中，无论生活还是职业。这种不确定性与人生的重要任务相关联，从职业生涯的角度来看，则表现为在职业选择、适应、发展和维系等方面的焦虑和无助，职业生涯呈现出前所未有的复杂性和多变性。

开启多段式人生

我们生活在巨大的不确定性中，无论生活还是职业。这种不确定性与人生的重要任务相关联，表现为对人生目标和方向的迷茫，对人生意义的错误理解。从职业生涯的角度来看，则表现为在职业选择、适应、发展和维系等方面的焦虑和无助，职业生涯呈现出前所未有的复杂性和多变性，我们需要从多重视角审视自己的职业生涯。

接受教育—参加工作—退休——三段式人生周期观念依然根深蒂固，占据主流。这有个人的原因，也有社会导向的问题。但有些人则开始规划不一样的道路。

李义出生于 20 世纪 70 年代初期，大学毕业后回到家乡，就职于当地最大的钢铁公司，从总经理秘书到公司行政副总裁，李义的职业之路非常顺利。但随着国家产业政策的调整，李义所在的钢铁公司连年亏损，职工人数从原来的上万人萎缩到不足千人，职工收入也急剧下滑。不安的气氛正在公司内部蔓延。人在顺境时，对客观环境的认识并不清晰，但当逆境来临时，反而会更加冷静、客观。此时的李义开始重新思考自己的职业和未来的方向。经过多日考虑，李义决定辞职备考研究生，为未来的职业选择增加筹码。李义将自己的想法对妻子和盘托出，得到妻子的支持。辞职后李义没有了收入，家庭支出需要重新计划。夫妻二人根据家庭储蓄情况，制订了为期 4 年的经济支出计划。在保证孩子学杂费的前提下，尽量减少其他方面的开支。经过近 1 年的学习，李义成功考取了重点大学的研究生。工作 10 年后的李义重新步入校园，职业生涯进入短暂的休整期。

如果说李义的选择有点无奈，那么小鹿则是主动放弃三段式的人生，追求更适合自己的职业道路。小鹿是一位文学爱好者，大学期间开始写作，经常在校刊上发表文章。她的第一份工作是广告公司的文案。这是她能够找到的最令自己感兴趣的工作。两年后，小鹿跳槽到一家时尚杂志做文字编辑，业余时间从事文学创作。现在的她一边经营自己的自媒体账号，一边从事剧本的写作。工作刚满 5 年的小鹿，已经有 3 次转职经验，每一次都离梦想更近了一步。

不管是主动选择还是无奈之举，三段式人生正在被逐渐打破，越来越多的人开始追求更丰富的人生。父辈曾谆谆告诫我们，从一而终，脚踏实地地干一份工作直至退休。而今的职场，常常是想“从一而终”而不得，人们对职业的态度也发生了翻天覆地的变化。寿命的延长，退休年龄的推迟，使多段式人生成为更多人的选择。人们开始打破规则，尊重内心，追求更丰满、更有价值的人生。

老人做工，现实又无奈的选择

老人做工已经不是什么新鲜事儿。当你憧憬退休以后可以颐养天年的时候，可能现实并不如想象中美好。事实上，有些人追求 30 岁退休，有些人在七八十岁时还在工作。目前老人做工在全球已然是一种趋势。

老人做工的原因很复杂，其中最重要的是人的寿命的延长。我国人均寿命为 77 岁，在 2021 年政府工作报告中提出，全面推进健康中国建设，人均预期寿命再提高 1 岁。在过去 200 年中，预期寿命一直稳步上升，每 10 年增加 2 年以上。这意味着，如果你现在 20 岁，那么你有 50% 的概率活到 100 岁以上；如果你现在 40 岁，那么你有 50% 的概率活到 95 岁；如果你现在 60 岁，那么你有 50% 的概率活到 90 岁或 90 岁以上。我们即将进入百岁时代。寿命的延长意味着拥有的时间增多了，使我们重新思考人生，来规划自己的时间，并且我们拥有了更多重新开始的可能性。

澳大利亚生态学家和植物学家大卫·古德尔工作到 102 岁，他如此漫长的职业生涯令人惊讶。古德尔 1914 年出生于伦敦，104 岁的他因前往瑞士寻求安乐死，引起社会广泛的关注。古德尔一直在大学从事教学和研究工作。65 岁之后他不再进行全职工作，但依然活跃在自己的领域内。102 岁时，校方出于对他的安全和通勤问题的考虑，将他的工作场所转移到了离家更近的地方。古德尔热爱工作，喜欢和同事们在一起，他在漫长的职业生涯中收获了快乐，同时取得了令人敬佩的成绩。他的主要学术成果包括 30 卷的《世界生态系统》，并因此获得澳大利亚勋章。有些人已经把工作融入生命当中，工作成了生命的重要组成部分。古德尔就是这样的人。

《人口与劳动绿皮书》中提到：鼓励有就业意愿的老年人返回劳动力市场。对于具备良好的人力资本水平和就业竞争力、希望继续通过就业活动改善生活质量的老人，应该为其创造良好的就业环境。

在高校、科研院所、医学领域活跃着很多“银发族”，他们虽然已经退休，但是在体力允许的情况下，依然选择工作。他们通过工作，可以保持与社会的联系，工作给他们带来满足感，让他们更充实、更快乐。

2015 年获得诺贝尔生理学和医学奖的屠呦呦，1930 年出生，1955 年参加工作，目前仍然带领团队进行“青蒿素抗药性”等科学研究，至今她的职业生涯已经长达 60 余年。

对普通退休职工来说，退休后选择继续工作更多的是经济上的考虑。王胜利 60 岁在纺织机械厂退休，退休前他一直从事生产管理工作，养老金不足 3000 元，老伴和他在同一家企业工作，50 岁退休，养老金 2000 多元。虽然夫妻二人加起来的养老金 5000 多元能够维持日常开销，但考虑到生病和养老，这些钱就显得不太充裕。短暂地休息一段时间后，王胜利被一家民营企业雇佣，在质量管理部担任部长。第二份收入可以减轻他晚年的经济压力，并且以往的工作经验又有了用武之地，可谓两全其美。

众所周知，我们国家的养老金实行“双轨制”。企业退休职工的养老金低于公务员和事业单位退休职工的养老金。即使同为企业职工，不同行业之间的养老金也存在差异，因此，养老金偏低的企业退休职工需要通过继续工作来增加家庭收入，退休后只要体力允许，他们会选择继续工作。但多数老年人因为缺乏技术，只能做一些无须技能的基础岗位，薪资也很低。

老人做工并不是我国独有，新加坡的老人工作年限越来越长的现象更为普遍。根据新加坡人力部的调查，超过 40% 的 65—69 岁的老人仍然在工作。大部分老人的职业都是清洁工、体力劳动者、机械操作员工、服务员和销售员等。

在伦敦商学院为攻读工商管理硕士的学生开设的有关百岁人生的课程中，我们请他们设想了一下自己的人生可能出现的情景。他们很快想到了财务问题，我们立马问：“如果你们活到 100 岁，将大约 10% 的收入存起来，并希望退休后拿到最终薪资的一半，你们最早在多大年龄退休？”答案是 80 多岁。那一刻，所有人都沉默了。要充分利用长寿这份天赐礼物，每个人都得面对不到七八十岁不退休这个真相。事实就是这么简单。

随着寿命的延长，世界各国都出现了养老金的困境，很多国家选择延迟退休以应对养老金的不足。法国、德国、俄罗斯都出台了延迟退休的政策。相较延迟退休，弹性退休越来越普遍，人们有了更多的选择权，选择按时退休还是延迟退休，在养老金上会有些差异，选择延迟退休的养老金更多，这样一来也易于被大众接受。不管何种形式，老人做工已经是一种趋势。在长寿时代，更长时间的工作也许是一种现实又无奈的选择。

社会保险体系亟待完善

我国1986年首次提出“社会保障”的概念，1995年确定“统账结合”制度，采用强制的积累制度。国家保险制度是多层次、多体系的，有正式工作的人，被称为在职员工，他们缴纳社会保险，个人承担小部分，企业承担大部分。以基本养老保险为例，个人承担工资总额的8%，企业承担工资总额的16%，合计24%，缴纳的费用全部记入基本养老保险统筹基金账户。还有一部分人，如自雇佣者、个体工商户、零工人员等灵活就业者，他们不属于任何组织，自然不属于在职员工，没有单位为他们缴纳社会保险，这些人需要以个人身份参与社会保险。根据《社会保险法》规定，无雇工的个体工商户、未在用人单位参加基本养老保险的非全日制从业人员以及其他灵活就业人员可以参加基本养老保险，由个人缴纳基本养老保险费，分别记入基本养老保险统筹基金和个人账户。也就是说基本养老保险由个人全部承担。

灵活就业者缴纳基本养老保险的比例是企业 12%，个人 8%，但这是一个虚拟的数字，因为他们根本就没有企业，相当于他们每个月拿出自己工资总额的 20% 缴纳基本养老保险，其中 12% 进入统筹基金账户中，8% 进入个人账户之中。看上去灵活就业参保人员每个月实际上要缴纳的总费用比在职人员要少，但问题是在职人员有一大半费用由企业承担了，而灵活就业者没有企业，只能全部由自己来承担。

孙先生是一名独立的咨询顾问，他刚刚与一家健身俱乐部签订招商连锁的咨询项目。没想到新冠肺炎疫情来临，别说招商项目，俱乐部本身也是朝不保夕，所有的健身项目都处于停滞状态，会员卡的销售大幅缩水，还面临着会员随时可能退卡的风险，咨询项目停滞，他本来已经着手的项目也黄了。虽然收入锐减，但他依然要自己缴纳各项社会保险，否则就要承担断缴的风险。

在新冠肺炎疫情期间，针对疫情对经济的影响，国家为了保护中小微企业，出台了一系列措施，包括税金减免，养老保险和公积金的缓交，也明确了疫情期间工资的发放政策等。对于中小微企业，应当由企业缴纳的养老保险、工伤保险和失业保险在未来 12 个月中可以不需要缴纳，给企业节省出了上千个亿的资金。减免的目的是要保企业保增长，所以国家明确提出减免的是中小微企业应缴纳的部分。这样一来企业减负了，不用交那么多钱了，在企业正常上班缴纳社会保险的员工，还有退休人员，权益不会受到损失。但对于灵活就业者，没有企业为他们缴纳社会保险，社会保险全部由自己承担，因此这部分人员不在这次减免范围之内。虽然各地针对灵活就业者出台了一些优惠政策，比如对缴费困难的群体可以延后缴费时间，但对他们的关注度显然不够。

我国包括零工在内的灵活就业者数以亿计，这些人本来收入就不稳定，疫情期间收入更是大打折扣，甚至工作停滞，失去收入。2021 年我国政府提出对低收入人员实行社会保险费自愿缓缴政策，可以解决他们一时的困难。

随着灵活就业者的增加，我国政府对这部分人群的社会保障越来越重视，逐步开始对灵活就业者实行社会保险的补贴政策。希望政府加快制度改革的步伐，做到“广覆盖”的同时，兼顾公平与效益，让各个层次的工作者从社会保障和福利制度中受益。

财务挑战

毋庸置疑，在无边界职业生涯时代，个体面临更严峻的财务挑战。繁荣的经济，稳定的工作，固定的收入和支出，养育儿女，维持家庭生活，虽然不富有但可以满足生活所需，这种“岁月静好”的生活被未来的不确定性打破。没有哪种工作是绝对稳定的，在职业生涯中收入也会起伏不定。受到经济疲软、新冠肺炎疫情等不可抗力因素的影响，会导致部分劳动者收入缩减，他们不得不减少日常生活支出，只维持最基本的生存需要，生活质量大打折扣。

程菲担任某公司的客户经理，收入不菲，年终奖金很丰厚。但工作压力很大，每季度的绩效考核压得她喘不上来气，加上公司上层调整以后，她与新任上司的关系不睦，冲动之下提出离职。裸辞后，程菲先到夏威夷休息放松了两个月，计划回来之后再做打算。回国以后，程菲积极寻找工作，信心满满的认为一定可以找一个自己满意的工作。没想到 3 个月过去，只有两三家公司邀约面试，但均没有结果。新冠肺炎疫情暴发以后，工作没有着落，收入为零，她自信心下降，内心越发焦虑起来。程菲单身，短期内没有结婚的打算，父母都有工作，不需要程菲的经济援助。程菲两年前按揭买了一套小房子，20 年的贷款，需要每月还贷。有工作时还贷的压力不大，可一旦没了收入，财务压力骤然增加。每个月只出不进，让程菲陷入焦虑中。她每天计算着，自己的积蓄能熬到什么时候。这时，以前的客户向她伸出橄榄枝，即使介绍的工作并不满意，她还是毫不犹豫地答应了，重新回到职场中。

在未来不确定的情况下，人们不得不重新思考个人及家庭财务状况对个人职业生涯的影响。保证现金流和做好家庭或者个人资产计划很有必要。以下是应对财务挑战的几点建议：

1. 了解家庭或者个人财务状况

每年对家庭或者个人资产进行盘点。在对职业生涯进行规划时，充分考虑自身财务状况，避免冲动作出决定，使自己陷入财务困境。

2. 编制家庭或者个人预算

通过预算了解收入情况和各项支出的用途及金额。预算中月收入一栏记录纯收入，就是减去各种社会保险、公积金和税金以后的收入，也是你的可支配收入。支出栏分为固定支出和变动指出。支出栏可以分为若干小项，便于记录和分析。编制预算以后，要检查各项预算的使用情况，最有效的办法是记录你的收入和开支，对自己的收入和开支作到心中有数。工作初期，不要让你的开支大于收入，这是一项铁律。如果不懂得控制自己的开销，不能做到收支平衡，将陷入金钱危机。

3. 坚持储蓄，留有现金

从拿到第一份工资时就开始储蓄，并坚持下去。储蓄不在多，贵在坚持。央行发布的《2020 年第一季度城镇储户问卷调查报告》中指出，倾向于“更多消费”的居民占 22.0%，比上季度下降 6.0 个百分点；倾向于“更多储蓄”的居民占 53.0%，比上季度上升 7.3 个百分点。这说明新冠肺炎疫情期间人们存钱的意识明显提高。

新冠肺炎疫情导致经济疲软，人们感觉到了收入减少的压力，对未来收入预期的不稳定，危机感增强，开始削减开支，增加储蓄。在职业生涯不稳定的情况下，要充分考虑到未来的收入和支出都会产生波动，做好预防性储蓄，应对未来的不确定性。

家庭储蓄盘点表

项目	金额	比例
工作收入（主动收入）		
薪资收入		
其他工作收入		
生活支出		
家庭生活支出		
子女教育支出		
保险支出		
非必要支出		

续 表

项目	金额	比例
意外支出		
工作储蓄		
薪资结余		
利息收入		
理财收入		
财产性储蓄		
房产租金		
储蓄合计		

4. 提早为养老做准备

我国的养老金水平差异较大，机关事业单位的退休人员工资替代率远高于企业退休人员。对于广大企业退休人员而言，提前为自己储蓄养老金，保证自己退休后的生活水准不受影响尤为重要。

5. 购买一份商业保险

这是对自己负责，也是对家人负责。如果从事危险系数较高的工作，需购买意外险。我们希冀一生平平安安，但如果发生意外，保险能够给自己和家人一点点帮助和宽慰。

新职业不断涌现

职业具有鲜明的时代性。由于科学技术的发展，人们生活方式、习惯等因素的变化使职业被打上时代的烙印。

2020 年 3 月，人力资源社会保障部与国家市场监管总局、国家统计局联合向社会发布了智能制造工程技术人员、工业互联网工程技术人员、虚拟现实工程技术人员、连锁经营管理师、供应链管理师、网约配送员、人工智能训练师、电气电子产品环保检测员、全媒体运营师、健康照护师、呼吸治疗师、出生缺陷防控咨询师、康复辅助技术咨询师、无人机装调检修工、铁路综合维修工和装配式建筑施工员等 16 个新职业。这是自 2015 年版《中华人民共和国职业分类大典》颁布以来发布的第 2 批新职业，主要集中在新兴产业和现代服务业两个领域。近几年，在制造领域，智能制造发展迅速，与智能制造技术相关的从业人员增长较快，与此相关的新职业如智能制造工程技术人员、工业互联网工程技术人员随之出现。随后，2020 年 5 月 11 日，中国就业培训指导中心发布《关于对拟发布新职业信息进行公示的公告》，拟新增 10 个新职业，分别是区块链工程技术人员、社区网格员、互联网营销师、信息安全测试员、区块链应用操作员、核酸检测员、在线学习服务师、社群健康助理员、老年健康评估师、增材制造（3D 打印）设备操作员。

从新增的这些新职业不难看出，它们都与社会发展和科技进步有着密切的联系。如在“互联网营销师”职业下又增设了“直播销售员”工种。当下直播带货成为网购的新形式。另外新冠肺炎疫情期间大量的核酸检测工作需要完成，“核酸检测员”入围新职业名单。现代服务业的快速发展孕育出新职业，健康照护服务的大量需求派生出新职业，如“老年健康评估师”等。

随着技术的进步，新职业不断涌现，但有些职业正在消亡或已经消亡。如以前与我们的生活息息相关，现在已经难觅踪迹的“代写书信员”“书记员”“电话总机接线员”等职业。有些职业虽然存在，但也已经萎缩，需求量正在降低。

在技术突飞猛进的时代，新职业的诞生和旧职业的消亡速度都会加快，想在一个职业里安安稳稳地工作一辈子是一件奢侈的事情，新旧职业的交替给我们提出更高的要求，我们要学会接受、适应、学习、改变。

工作方式发生变化

远程办公被越来越多的企业接受，特别是现场办公依存度较低的部分行业开始探索远程办公，而新冠肺炎疫情的暴发加速了这一进程。新冠肺炎疫情期间大量的在职职工在家办公，通过视频交流分享，开展工作。

从接到公司通知至今，李辉已经在家工作两周。他每天早晨 9：00 准时坐在计算机前，通过视频参加部门晨会，随即开始一天的工作。在家工作可以随时与同事或领导视频沟通工作事项，工作按部就班地进行，并没有被打乱，效率也没有受到影响，跟同事沟通起来反而更高效、顺畅。不用每天挤地铁，节省下来的通勤时间可以做家务、做饭。

随着虚拟现实技术的进步，以及远程呈现技术和产品的普及应用，人们能在任何地方开展工作，可能是办公室，也可能在家里。美国一位专栏作家撰文称，一些并不为人所知的科技发展趋势正在改变人们的工作和生活方式。他列举了“无孔不入的工作空间”（porous workspace）的例子。“无孔不入的工作空间”是指不论身在何处都能开展工作。一些专门的网站会将许多工作外包给那些想要从事相关活动的人去做，这些人要么是在通勤路途中有一些零散的时间，要么是在下班以后从事兼职工作。如此一来，上班工作不再接受直接控制，工作变得不那么按部就班，工作的不确定性增强。他预测称，在未来，将有越来越多的人会从事自由职业工作，而不是在公司里全职上班。此外，办公空间和资源也很可能将会在更大程度上被人们共享，或是人们可能只需要在餐桌前工作，不需要更多的办公空间。

灵活的办公方式给从业者带来很大的便利，但不容忽视的是这令办公室与家庭、全职工作者与自由职业者之间的界限变得模糊，工作和非工作的界限变得模糊，工作和私人生活的界限变得越来越模糊。

灵活性高是新就业形态的特点之一

新就业形态这一概念首次在2015年政府工作报告中提出，党的十八届五中全会公报同样提到“加强对灵活就业、新就业形态的支持”。新就业形态一词指的是电子商务或在线平台等技术革新动员起来的劳动力所开展的获取酬劳的工作活动。三种主要新就业形态类型包括：基于电子商务平台生态系统的新就业形态，如阿里巴巴或拼多多的网上店主；基于互联网平台进行分享的按需就业，如滴滴出行或58到家；基于在线劳动力市场的众包就业，如猪八戒网。

目前关于新就业形态就业规模的研究依然不能精确地确定新就业形态的就业人数，这主要是由于该模式下的就业与传统的就业存在诸多差异，目前的统计无法确定出其准确值。但根据上述关于共享经济、新经济带动的总体就业规模和各平台就业规模的研究，我们可以粗略地推断出新就业形态所带动的就业规模应该在千量级。不仅就业规模庞大，新就业形态的增长也非常迅速。

据国家信息中心统计，我国的个体服务者规模近 2.5 亿人，其中 20% 的个体为互联网平台经济提供服务，例如：“阿里巴巴”平台上有 792 万名店主、“饿了么”平台上有 300 万名骑手等。

《数字中国建设发展进程报告》（2019 年）中指出：2019 年我国数字经济保持快速增长，质量效益明显提升，数字经济增加值规模达到 35.8 万亿元，占国内生产总值（GDP）比重达到 36.2%，对 GDP 增长的贡献率为 67.7%。数字经济结构持续优化升级，产业数字化增加值占数字经济比重达 80.2%。《中国共享经济发展报告 (2021)》指出，2020 年，以共享经济为代表的新业态新模式全年市场交易额约为 33773 亿元，同比增长约 2.9%。预计 2021 年，随着宏观经济复苏，共享经济增速将有较大回升；未来五年，我国共享经济年均增速将保持在 10% 以上。共享型服务和消费新业态新模式成为提升经济韧性和活力的重要力量。其中参与共享经济的人数约为 8.3 亿，服务提供者高达 8400 万人。平台企业员工数约为 631 万，分布在各行各业，如直播平台、教育平台、微商平台、电商平台等新经济行业。

新就业形态的就业门槛较低，对技能要求不高，除驾驶员和医护人员等少数职业外，平台对其他职业基本没有持证上岗的要求。灵活性高是新就业形态的特点之一。个体可以自由选择时间和地点，对于线上的工作，不必受空间限制，只要满足基本条件，无论是在家还是在外地，均能完成工作任务。总之，平台经济为个体提供了很好的土壤，推动了个体崛起，为灵活用工提供了潜在的便捷。

机器会夺走你的工作吗

据媒体报道，上海通用金桥工厂车间实现了 100% 焊接自动化，这里的 300 多台机器人只有十几位工人在操作。在涂装车间共有 112 台涂装机器人，分工各有不同，这里号称中国最先进的制造工厂。美的空调自 2012 年以来，累计投入使用 800 多台机器人，美的中央空调拥有核心零部件和全自动组装生产线，生产效率提升 70%，生产线人数下降 50%，人机比达到 4% 以上，产品合格率达到 99.9%，达到空调行业的领先水平。恒瑞制药公司车间生产智能化设备联网率达到 30% 以上，组成了全天候不间断作业的智能化生产线，减少劳动定员 30% 以上。

在新冠肺炎疫情期间，无人工厂、无人配送、无人机、无人车等发挥出优势，解决了新冠肺炎疫情带来的用工问题。这些并不是疫情时期的权宜之计，而是代表了未来的发展方向。

在2014年对互联网未来进行意见调查的受访者中，大多数人认为，到2025年时，机器人和人工智能将会渗透到我们日常生活的方方面面，并在健康照顾、交通物流、客房以及房屋维修等行业中被广泛应用。

尽管专家们对机器将接管多少工作存在分歧，但机器智能已经在更为广泛的范围内被应用于那些传统上由人类完成的工作中，远远超出许多人的想象。其中包括一些似乎对计算机免疫的高技能职业，而这种情况下的经济，对人类是有潜在危害的。

从历史经验来看，技术进步会提高生产力和生活水平，进而通过消费促进经济增长。机器确实抢走了部分人的工作，但同时会创造出新的就业岗位。机器也需要人去制造、操作和维护。例如当年第一辆汽车横空出世，作为新的交通运输工具取代了古老的马车，由此诞生了一批新职业，如汽车制造工人、司机、销售人员、维修人员等。这些职业到现在依然具有生命力。所以，就业替代会到来，人们会被安置到其他工作中去。另一种观点是，先进的技术取代工作会造成结构性失业，就业瓦解不可避免。他们认为，以往的经验并不适用于未来，互补性职业会减少，新职业对于教育、技能的门槛更高。

消除机器对就业的影响，三个因素不可忽略。《机器会夺走你的工作吗》中这样阐述。

（1）新工作岗位发展的步伐需要完全吻合旧工作岗位解体

的步伐，才能避免出现严重的结构性失业问题。

（2）新工作的到来在多样性和数量上都是巨大的。广泛的就业机会是必需的。受机器智能冲击的岗位数量与新增的岗位数量应该是相匹配的。

（3）机器智能带来的多样性的工作机会，将现有的工作者转变为未来工作的后辈者，所需的教育和培训项目必须高效、及时。

对人与机器的关系一直存在争议。彼得·蒂尔认为，计算机是辅助人类的工具，不是竞争对手。它们不能取代人类，只起补充作用。他认为人类和机器所擅长的工作有着本质上的差异。人类是有意识的，擅长在复杂的环境下制订计划，做出决策，而计算机擅长处理数据，很难对复杂的事情做出判断。

勒德分子认为我们不应该制造未来可能取代人类的计算机，狂热的未来学家则持相反观点。这两种观点相互排斥，但不能代表所有观点：在这两个极端之间还有巨大的空间，未来几十年，理智的人可以建设美好的世界。我们在计算机使用上的创新，不仅能够帮助人类做好已有工作，还能帮助人类做到之前不可想象的事情。不过，机器人对工作岗位的冲击实实在在发生着。

世界银行《世界发展报告 2019》探讨了工作性质变革问题，指出机器人正在接手成千上万的重复性工作，不少低技能岗位被消除。最明显的是，自动化导致制造业领域部分工作岗位流失，那些从事“可被编码的”重复性工作的工人最容易被取代。

比尔·盖茨在一次讲话时说：从今往后的 20 年，很多技术对于劳动的需求将实质减少。我不认为人们在认知层面已经意识到这一点。不幸的是，谁也无法预测未来。

不同的声音

在无边界职业生涯时代，社会为个体提供了前所未有的灵活性和多岗位就业选择，但在这种自由选择的背后蕴藏着很大的风险。例如劳动关系难以界定、社会保障体系亟待完善等。我国的社会保障制度是基于雇员和雇主之间的劳动关系而存在的，社会保障大多是为“在职职工”提供的，对于像网约车司机、自由职业者、零工人员等“非在职职工”很难与雇主确定劳动关系，因此享受不到政府的劳动保障与保护，比如最低工资、工伤保险等。从收入情况看，有学者针对灵活就业者的研究显示，灵活就业者的收入显著低于正规就业者，灵活就业者内部收入不平等情况更为突出。

在美国，新冠肺炎疫情期间亚马逊等公司提供了数十万个零工岗位，而与此同时有几千万人失业。失业的人进入零工市场。零工经济为从业人员提供的保护很少，而且新冠肺炎疫情期间更是增加了在没有安全保证情况下工作的风险。为了获得利润，大多数公司将风险转嫁给员工。员工被归为独立的“合伙人”，与公司并不存在雇佣关系。因此他们得不到基本的员工保障，实际收入很不稳定，更谈不上最低工资和加班费等。

英国作家詹姆斯·巴拉德沃斯展开为期 180 天的田野调查，他先后从事亚马逊拣货员、居家照护员、电话客服、优步司机等职业，他们是英国零工经济中低薪职业者的代表。詹姆斯应征的第一份工作是亚马逊拣货员。拣货员的工作是根据客户订单从两米高的货架上挑出需要的货品，放入黄色的“拖箱”。这些“拖箱”可以四处移动，装完订单物品后便会放入巨大的传输带上。拣货员需要每天在狭长窄小的通道来回走动，上班一天就要走动 16 公里。开始的几天还能应付，但一星期下来，整个人疲惫至极，双脚仿佛拴上了镣铐一般沉重。工作内容单调乏味，仿佛机器一般，没有任何创造力和趣味可言。体力的透支是一方面，另一方面要忍受严苛的管理制度和管理者的粗暴对待。每次上厕所都要小跑着去，超时就要罚款。出门要经过严格的检查，随身带着的小纸条和笔也时常提心吊胆担心会被没收。最糟糕的是遭遇拖欠工资，每周的薪水对这些收入不稳定的人们至关重要，他们等着这笔钱吃饭和付房租。詹姆斯的同事克莱尔就遇到了欠薪。克莱尔工作了 40 个小时，却只能拿到 2 个半小时的工钱。他联系了调解仲裁处，花费了 3 个月才拿回自己的工资，可是没过多久，欠薪的事情再次发生。克莱尔当然可以到法院起诉，但高昂的费用让他望而却步。詹姆斯在亚马逊工作期间，未得到任何的雇佣契约，也不知道自己的权利和主张的事项。就是这样乏善可陈的工作，还要经过中介严格的考核才能得到。最后詹姆斯回到伦敦，应聘优步司机的工作。“有弹性，可以按自己喜欢的方式工作”吸引了不少人加入“弹性”经济中。租车、加油、洗车和违规罚单，结算每单以后就所剩无几了，司机为了多挣钱，只有加长工作时间。有些司机工时长得吓人，仍然只能维持收支平衡。而且严格的程序算法，让人不得喘息，更谈不上工作的“自由”和“自主”。

没错，有工作的人的比例变高，却有越来越多的人薪资待遇欠佳，劳动环境高风险且工时不稳定、工资增长又跟不上物价变动。经济危机后，全英国的自雇人数超过 100 万人，其中多半从事“零工经济”活动，劳动权利不受保障。如果每周能兼职 5 小时，可能就不属于英国政府认定的失业人口，因为他们算是“尚有工作”，可他们付不起房租。

在无边界职业生涯时代，稳定职业成为稀缺品，自由职业和零工经济参与者越来越多，这些人的特点是工作临时化、工作时间过长、无底薪且收入不稳定，并且不受社会和公司福利保障，稍有不慎就会沦为社会中“不稳定的边缘人”。随着中国经济进入缓慢增长和产能过剩的新常态时期，其 8 亿规模的劳动力大军正在经受一种渐进的但不断加剧的就业非正规化，以及随之产生的生活不稳定化。

经济学家盖伊 · 斯坦丁是“基本收入”问题的研究与倡导者。“不稳定无产阶级”是他提出的概念。他认为不稳定无产者由从事兼职工作的人群以及临时工、季节性工人、自雇者、派遣工、实习工，以及很多其他与雇主存在非正式雇佣关系的人群组成。这部分人群只能部分地参与劳动，时刻面对就业不足的风险。他们大多数原本就是弱势群体，在社会竞争中处于弱势地位，缺乏就业保障，没有稳定的雇佣关系，没有获得社会保障的渠道，难以以“劳动者”身份建立归属感。目前，大量不稳定劳动者已经跨越国家成为全球现象。

2020 年 8 月，在《探索与争鸣》杂志的讨论会上，众多学者针对零工经济、平台工人的讨论重提了“不稳定无产阶级”的概念。在平台经济飞速发展的背景下，越来越多平台工人的劳动状况，包括平台上的外卖工人、网约车司机、家政工人等，引起了学者们的关注。而对于这些工人工作困境的描绘和现有法律框架的分析都引向不稳定、制度保护缺失、分散化（分裂）的结论。

市场竞争的加剧和技术的进步催生了无边界职业生涯的概念，一辈子在一个单位只从事一种职业的“铁饭碗”越来越稀缺。传统的职业发展路径被颠覆，多变的职业生涯成为主要形式。因此我们都需要从新的角度审视职业生涯，未来的职业生涯将呈现更多的不确定性。

延伸阅读:《机器会夺走你的工作吗》

毋庸置疑，以人工智能为代表的新科技发展无论在速度、广度和深度上都远远超过了以往的技术变革。“机器智能所波及的影响可能会深入劳动力市场的每个因素。”本书关注人工智能对工作岗位的影响，技术进步与更新迭代始终在持续，那么我们该如何应对？从历史经验来看，传统工作的式微，会伴随新型工作的出现，工作总量也将发生变化。“我们无法回答的关键问题在于，是否有足够多的新工作创造出来给人们，以替代那些被新物种所取代的部分。如果可以，我们又需要怎样的技能去胜任这些新工作？”“问题的焦点不在于工人是否能从机器带来的生产力升级中分享到利益，而在于工人是否还能是工人。”人工智能最为可能的影响是将掀起“一系列全新的结构性失业浪潮”，所以这不单是一个技术创新的问题，也不仅仅是经济发展的问题，更是一个社会问题。

实际上，我们无法预测未来。面对机器智能带来的巨大冲击，我们既不要过分焦虑，又要保持警醒，作者提醒我们要“谨慎对待，未雨绸缪”。

参考文献

［1］（美）杰弗里·H. 格林豪斯，杰勒德·A. 卡拉南，维罗妮卡·M. 戈德谢克．职业生涯管理（第4版）［M］．王伟，译．北京：清华大学出版社，2014.

［2］章迪诚．中国国有企业改革简史［M］．北京：中国工人出版社，2020.

［3］（美）乔治·安德斯．能力迁移［M］．武越，葛颂，译．北京：中信出版集团，2019.

［4］张车伟，蔡翼飞．中国人口与劳动问题报告［M］．北京：社会科学文献出版社，2020.

［5］（日）大原扁里．做二休五：钱少事少的都市生活指南［M］．吕丹芸，译．北京：九州出版社，2019.

［6］方伟．大学生职业生涯规划咨询案例教程［M］．北京：北京大学出版社，2008.

［7］（美）戴安娜·马尔卡希．零工经济［M］．陈桂芳，译．北京：中信出版集团，2017.

［8］（美）玛希·埃尔博尔．成就斜杠人生［M］．毛大庆，译．北京：北京联合出版公司，2020.

［9］（意）奥莉娅娜·法拉奇．给一个未出生孩子的信［M］．毛

喻原，王康，译 . 北京：九州出版社，2020.

［10］（美）洛克菲洛 . 写给儿子的 38 封信［M］. 梁珍珍，译 . 苏州：古吴轩出版社，2015.

［11］樊登 . 工作是最好的修行［M］. 北京：机械工业出版社，2020.

［12］（美）埃德加 · H. 沙因，约翰 · 万 · 曼伦 . 职业锚［M］. 陈德金，冯展，译 . 北京：电子工业出版社，2016.

［13］王一久 . 从 0 到 1 打造个人品牌［M］. 北京：电子工业出版社，2020.

［14］（美）马库斯 · 白金汉，唐纳德 · 克利夫顿 . 现在，发现你的优势［M］. 方晓光，译 . 北京：中国青年出版社，2007.

［15］中国就业培训技术指导中心 . 职业道德［M］. 北京：中央广播电视大学出版社，2007.

［16］（加）英格丽 · 张 . 你的形象价值百万［M］. 北京：中国青年出版社，2008.

［17］（美）博恩 · 崔西 . 吃掉那只青蛙［M］. 王璐，译 . 北京：机械工业出版社，2020.

［18］（美）卡尔 · 纽波特 . 深度工作［M］. 宋伟，译 . 南昌：江西人民出版社，2017.

［19］（美）吉姆 · 奎克 . 无限可能：唤醒你的学习脑［M］. 王小皓，译 . 北京：人民邮电出版社，2020.

［20］（美）米哈里 · 契克森米哈赖 . 心流：最优体验心理学［M］. 张定绮，译 . 北京：中信出版集团，2017.

［21］（美）丹尼尔·戈尔曼．情商［M］．杨春晓，译．北京：中信出版社，2010.

［22］童佳瑾，王磊，解雪．中国人力资源开发［J］.2008，（2）：90–94.

［23］（美）丹尼尔·戈尔曼．社交商［M］．魏平，张岩，王乾，译．北京：中信出版社，2010.

［24］（英）琳达·格拉顿，安德鲁·斯科特．百岁人生［M］．吴奕俊，译．北京：中信出版集团，2018.

［25］张成刚．就业变革：数字商业与中国新就业形态［M］．北京：中国工人出版社，2020.

［26］（美）奈杰尔·卡梅伦．机器会夺走你的工作吗［M］．魏倩，王丽陶，译．北京：中国工人出版社，2020.

［27］（美）彼得·蒂尔，布莱克·马斯特斯．从0到1［M］．高玉芳，译．北京：中信出版社，2015.

［28］（英）詹姆斯·布拉德沃斯．失去合约的人：后工业社会英国底薪职业者的抵抗［M］．杨璧千，译．北京：中国工人出版社，2020.

［29］李静君．勾勒关于中国不稳定劳工的论争图谱．中国乡村研究［J］．2017，（14）：144–152.

图书在版编目（CIP）数据

无边界职业 / 夏雪莹著. -- 北京 : 中国工人出版社, 2021.8

ISBN 978-7-5008-7608-3

Ⅰ. ①无… Ⅱ. ①夏… Ⅲ. ①职业选择—通俗读物 Ⅳ. ①C913.2-49

中国版本图书馆CIP数据核字(2021)第142437号

无边界职业

出 版 人	王娇萍
责任编辑	时秀晶　李　丹
责任印制	栾征宇
出版发行	中国工人出版社
地　　址	北京市东城区鼓楼外大街45号　邮编：100120
网　　址	http://www.wp-china.com
电　　话	（010）62005043（总编室） （010）62005039（印制管理中心） （010）82027810（职工教育分社）
发行热线	（010）62005996　82029051
经　　销	各地书店
印　　刷	三河市国英印务有限公司
开　　本	880毫米×1230毫米　1/32
印　　张	5
字　　数	100千字
版　　次	2021年8月第1版　2021年8月第1次印刷
定　　价	39.00元
